权威·前沿·原创

皮书系列为
"十二五""十三五""十四五"时期国家重点出版物出版专项规划项目

BLUE BOOK

智库成果出版与传播平台

就业蓝皮书
BLUE BOOK OF EMPLOYMENT

2023年中国高职生就业报告

CHINESE 3-YEAR VOCATIONAL COLLEGE GRADUATES' EMPLOYMENT ANNUAL REPORT (2023)

主　编 / 麦可思研究院

社会科学文献出版社
SOCIAL SCIENCES ACADEMIC PRESS (CHINA)

图书在版编目(CIP)数据

2023年中国高职生就业报告 / 麦可思研究院主编；王伯庆, 王丽执行主编. -- 北京：社会科学文献出版社, 2023.6
（就业蓝皮书）
ISBN 978-7-5228-1800-9

Ⅰ.①2… Ⅱ.①麦… ②王… ③王… Ⅲ.①高等职业教育-毕业生-就业-研究报告-中国-2023 Ⅳ.①G717.38

中国国家版本馆CIP数据核字（2023）第091427号

就业蓝皮书
2023年中国高职生就业报告

主　　编 / 麦可思研究院
执行主编 / 王伯庆　王　丽

出 版 人 / 王利民
责任编辑 / 桂　芳
责任印制 / 王京美

出　　版 / 社会科学文献出版社·皮书出版分社（010）59367127
　　　　　地址：北京市北三环中路甲29号院华龙大厦　邮编：100029
　　　　　网址：http://www.ssap.com.cn
发　　行 / 社会科学文献出版社（010）59367028
印　　装 / 三河市东方印刷有限公司

规　　格 / 开　本：787mm×1092mm　1/16
　　　　　印　张：13.25　字　数：196千字
版　　次 / 2023年6月第1版　2023年6月第1次印刷
书　　号 / ISBN 978-7-5228-1800-9
定　　价 / 128.00元

读者服务电话：4008918866

版权所有　翻印必究

就业蓝皮书编委会

研究团队 麦可思研究院

南方科技大学高等教育研究中心

主　　编 麦可思研究院

执行主编 王伯庆　王　丽

撰 稿 人 王梦萍　曹　晨　王昕伦　谌　超　孙雪琦

学术顾问（按姓名拼音字母排序）

陈　宇　国家教育咨询委员会委员

储朝晖　中国教育科学研究院研究员

董　刚　全国职业高等院校校长联席会主席

胡瑞文　国家教育咨询委员会委员

姜大源　教育部职业技术教育中心研究所研究员

李志宏　中国职业技术教育学会职教质量保障与评估研究会主任

马树超　中国职业技术教育学会副会长

任君庆　全国职业高等院校校长联席会秘书长

汤　敏　国务院参事室参事

王辉耀　国务院参事室参事/中国与全球化研究中心主任

叶之红　中国高等教育学会原副秘书长

查建中　教育部新工科建设工作组成员

摘 要

《2023年中国高职生就业报告》由1篇总报告、9篇分报告、2篇专题报告及附录组成，对高职生毕业去向、就业结构、就业质量、职业发展、升本情况、灵活就业、能力达成、对学校的满意度等状况进行深入分析。分析基于应届毕业生和毕业中期跟踪评价。

本报告对2022届高职毕业生的毕业去向和就业结构进行了分析。分析显示，2022年应届高职毕业生人数大幅上升，就业总量压力较大，多重超预期因素给应届高职毕业生的就业带来了困难，虽然专升本扩招在一定程度上缓解了当前部分就业压力，但专升本毕业后仍将面临因岗位需求饱和或知识技能不匹配而带来的就业问题。2022年，基础设施建设、装备制造和能源供应等领域依然在就业市场中起到"压舱石"的作用；民营制造企业在吸纳毕业生就业方面发挥了重要作用；长三角、珠三角地区凭借较强的产业实力和活跃的民营经济，为毕业生提供了更多就业机会。高职毕业生就业重心进一步下沉到地级城市及以下地区，为学前教育、基层医疗等普惠性民生建设以及农业、农村基层组织等乡村振兴领域提供了更多支撑。

本报告同时深入分析了高职毕业生的就业质量与职业发展状况。分析显示，应届高职毕业生的薪资稳中有升，伴随数字技术发展而生的直播销售、工业机器人、工业互联网等新职业薪资优势较为明显；先进装备制造、绿色化工、冶金新材料、能源供应等领域薪资增长较快；在毕业五年后，毕业生薪资平均达到毕业时的2.1倍；高职毕业生的就业满意度持续上升，这得益于国家和地方的一系列就业优先政策落实以及高校线上、线下就业指导服务模

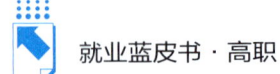

式的不断完善。随着工作经验的积累，毕业生在薪资增长的同时，职位及工作职责也得到相应提升，工作内容更趋于多元化；此外，毕业生的职场流动趋于稳定，但高压工作环境导致离职人数增多，对职场健康发展问题需给予更多关注。

本报告还对高职毕业生的能力达成情况及其对学校的满意度进行了深入分析。分析显示，应届高职毕业生能力达成效果不断提升，其中理解与交流能力表现较为优秀。然而，针对数字经济的快速发展和产业数字化转型，毕业生信息素养、数字技能方面仍有待加强。毕业生对学校教学、学生工作和就业指导等方面的满意度逐年攀升，校园内各项学习和生活设施对其成长和成才的支持力度不断增强。同时，分析还显示，随着产业优化升级的深入推进，高职培养环节亦需相应完善，尤其要关注课程建设环节，进一步强化课程内容对毕业生能力达成的支撑效果。

关键词： 高职生　就业结构　职业发展

Abstract

The 2023 China Vocational College Graduate Employment Report consists of one general report, nine sub-reports, and two special reports. It deeply analyzes the graduation destinations, employment structure, job quality, career development, university advancement situation, flexible employment, competency achievement, and satisfaction with school for vocational college students. The analysis is based on the evaluations of fresh graduates and mid-term graduate tracking.

The report analyzes the graduation destinations and employment outcomes of 2022 vocational college graduates. The analysis shows that the number of 2022 graduates has increased significantly, resulting in a considerable pressure on the total employment volume. Multiple factors exceeding expectations have brought difficulties to the employment of fresh vocational college graduates. Although the expansion of vocational college students' advancement to university has alleviated some of the current employment pressures, issues still exist after graduation due to saturated job demand or mismatch of knowledge and skills. In 2022, fields such as infrastructure construction, equipment manufacturing, and energy supply still play the role of "ballast" in the job market. Private manufacturing companies play a crucial role in absorbing graduate employment. The Yangtze River Delta and the Pearl River Delta, with their strong industrial strength and active private economy, provide more employment opportunities for both local and non-local graduates. The focus of vocational graduates' employment has further shifted to prefecture-level cities and below, providing more support for public welfare construction in early childhood education, basic medical and health care, as well as rural revitalization in agriculture and rural grassroots organizations.

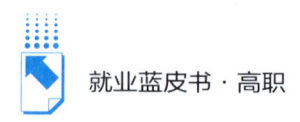

The report also deeply analyzes the job quality and career development of vocational college graduates. The analysis shows that the salaries of vocational college graduates are steadily rising, and new jobs born from the development of digital technology, such as live stream selling, industrial robots, and the industrial internet, have obvious salary advantages. Fields like advanced equipment manufacturing, green chemical industry, new metallurgical materials, and energy supply have faster wage growth. Five years after graduation, the average salary of graduates is 2.1 times that of their salary upon graduation. The job satisfaction of vocational college graduates continues to increase, benefiting from the implementation of a series of national and local employment-priority policies and the continuous improvement of online and offline job guidance service modes in colleges and universities. As work experience accumulates, graduates see their salaries, positions, and job responsibilities increase alongside diversifying work content. Moreover, the career mobility of graduates is stabilizing, but more attention needs to be paid to the healthy development of the workplace due to the increasing number of resignations in high-pressure work environments.

The report further analyzes the competency achievement of vocational college graduates and their satisfaction with schools. The analysis shows that the competency achievement of vocational college graduates is continuously improving, among which the ability to understand and communicate is particularly outstanding. However, in response to the rapid development of the digital economy and industrial digital transformation, graduates still need to enhance their information literacy and digital skills. The satisfaction of graduates with school teaching, student work, and job guidance has been climbing year by year, and the support of campus facilities for their growth and success is continuously strengthening. Simultaneously, the analysis shows that as the optimization and upgrading of industries deepen, the training of vocational

Abstract

college students needs to be improved accordingly, especially focusing on course construction, and further strengthening the supporting effect of course content on the competency achievement of graduates.

Keywords: Vocational College Students; Employment Structure; Career Development

目 录

Ⅰ 总报告

B.1 高职毕业生就业发展趋势与成效 ………………………… 001

Ⅱ 分报告

B.2 高职生毕业去向分析 …………………………………… 008
B.3 高职毕业生就业结构分析 ……………………………… 024
B.4 高职毕业生收入分析 …………………………………… 045
B.5 高职毕业生就业满意度分析 …………………………… 073
B.6 高职毕业生职业发展分析 ……………………………… 089
B.7 高职毕业生专升本分析 ………………………………… 110
B.8 高职毕业生灵活就业分析 ……………………………… 116
B.9 高职毕业生能力分析 …………………………………… 122

B.10　高职毕业生对学校的满意度分析 ………………………… 145

Ⅲ　专题报告

B.11　扩招背景下高职生升本趋势和就业分析 ………………… 160
B.12　面对产业需求和区域发展的专业调整分析 ……………… 171

附　录　技术报告…………………………………………………… 185

致　谢………………………………………………………………… 192

CONTENTS

I General Report

B.1 Analysis of Trends and Results of Employment for Vocational College Graduates / 001

II Sub Reports

B.2 Analysis of the Destinations of Vocational College Graduates / 008

B.3 Analysis of the Employment Structure of Vocational College Graduates / 024

B.4 Analysis of the Income of Vocational College Graduates / 045

B.5 Analysis of Job Satisfaction of Vocational College Graduates / 073

B.6 Analysis of Career Development of Vocational College Graduates / 089

B.7 Analysis of Vocational College Graduates Advancing to University / 110

B.8 Analysis of Flexible Employment among Vocational College Graduates / 116

B.9 Analysis of Competency of Vocational College Graduates / 122

B.10　Analysis of Vocational College Graduates' Satisfaction with School

/ 145

Ⅲ　Special Reports

B.11　Analysis of Trends in University Advancement and Employment of Vocational College Students under the Context of Expansion

/ 160

B.12　Analysis of Major Adjustments in Response to Industry Demand and Regional Development　/ 171

Appendix　Technical Reports　/ 185

总 报 告
General Report

B.1
高职毕业生就业发展趋势与成效

摘　要： 受多重超预期因素影响，应届高职毕业生去向落实难度进一步增加。专升本的持续扩招在一定程度上缓和了当下部分就业压力，但滞后就业压力依然存在，专升本毕业后仍将面临因岗位需求饱和或知识技能不匹配而带来的就业问题。一定程度上，就业难问题促使高职院校加大专业结构优化调整的力度，聚焦产业需求和区域规划增设了一批支撑现代产业体系构建和区域发展的专业，同时围绕产业链升级主动撤销了一批传统专业。民营企业仍是吸纳毕业生就业的主力军，民营制造企业在稳就业方面发挥了不可替代的作用，相关扶持政策亦可进一步完善。广大二、三线城市和基层地区也是吸纳高职毕业生的重要基地，普惠性民生建设、乡村振兴等领域促使毕业生就业重心进一步下沉。面对产业优化

升级的深入和外部就业环境的变化，高职院校需进一步完善课程建设等环节，以此更好地支撑毕业生的能力达成与后续发展。

关键词： 应届高职毕业生　就业　专升本　专业结构优化

麦可思自2007年开始进行大学毕业生跟踪评价，并从2009年开始根据评价结果每年出版就业蓝皮书，迄今已连续15年出版就业蓝皮书。本报告基于应届毕业、毕业三年后的跟踪评价数据，分析高职毕业生的就业发展趋势与成效，回应政府、媒体、高职院校师生以及社会大众关注的问题，并为高职人才培养的持续改进提供参考建议。

一　专升本规模的进一步扩大缓解了当下就业压力，但后续就业挑战依然存在

2019年高职实施百万扩招，这使得2022年应届高职毕业生人数大幅上升，就业总量压力持续高位运行。经济社会发展面临多重超预期因素的影响，毕业生去向落实难度进一步增加。在这一背景下，专升本规模进一步扩大，对就业起到了一定程度的缓冲。数据显示，2022届高职毕业生毕业后读本科的比例达到20.1%，在2021届（19.3%）[①]的基础上进一步提升，比2018届（6.3%）高了13.8个百分点。当然，专升本规模自2020年后增速逐渐放缓，对高职毕业生的吸纳趋于饱和；另外，升本后的就业压力依然存在，部分专业升本群体知识技能与岗位要求错位的情况值得关注。

（一）毕业生专升本选择受就业机会等共性因素驱使，同时因专业差异而面临不同挑战

从各专业大类来看，教育与体育大类、财经商贸大类、电子信息大类高

[①] 解读中提到的往届数据，均出自相应年份的《中国高职生就业报告》。

职毕业生的升本比例持续较高，2022 届分别达到 23.7%、22.8%、22.1%；通过对比区域差异可以发现，东部地区上述专业的毕业生直接就业的比例相比非东部地区更高，升本比例相对较低，可见所在区域的就业机会是影响毕业生专升本选择的重要因素，东部地区经济发展水平较高，毕业生直接就业难度相对较小，升学意愿相对较弱。

当然，不同专业毕业生在选择升学时也受不同因素影响，且学历提升后的就业也面临不同的挑战。上文提到的教育与体育大类、财经商贸大类、电子信息大类毕业生规模均较大，在各类高职专业中具有一定的代表性，可帮助我们直观了解专升本带来的影响。

教育与体育大类毕业生升本很大程度上与从业门槛限制有关，特别是其下属的小学教育专业（2022 届专升本比例 24.3%），小学教师学历门槛的提升将促使更多人选择升学。**财经商贸大类**毕业生主要面向的领域（零售、商务服务等领域）存在入门级岗位（如会计）需求饱和的情况，较多人选择升学以延缓就业；但其续接的本科专业（会计学等）应届毕业生也面临较大的就业压力。**电子信息大类**毕业生在专业相关岗位的竞争力相对较弱，应届高职毕业生从事专业相关工作的比例（2022 届 50%）整体偏低；此外专升本群体本科毕业后从事专业相关工作的比例（2022 届 55%）也较低，其知识技能与数字产业发展的要求存在错位，在相关就业领域面临高职与普通本科应届毕业生的"双向挤压"。

产业升级对高素质复合型技术技能人才的需求不断增大，对不同层次技术技能人才也提出了有针对性的要求，职业教育层次需要进一步延伸，未来职业本科教育或将成为更多高职毕业生的选择方向。

（二）高职毕业生就业重心进一步下沉至基层

除了专升本外，广大二、三线城市和基层地区也是吸纳高职毕业生的重要方向。高职毕业生就业进一步呈现重心下沉的特点，2022 届在地级城市及以下区县就业的比例达到 66%，相比 2018 届（61%）上升了 5 个百分点。

从主要专业大类来看，教育与体育大类、医药卫生大类毕业生在地级城

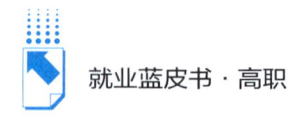

市及以下区县就业的比例较高，2022届均达到79%，相比2018届（分别为67%、72%）分别上升了12个、7个百分点，其中有更多人分别进入学前教育、基层医疗卫生服务领域，这为基层地区的普惠性民生建设提供了助力。

另外，农林牧渔大类毕业生在地级城市及以下区县就业的比例也较高且持续上升（2018届65%，2022届73%），其中除了农、林、牧、渔业外，在基层群众自治组织（含村委会、居委会等）的比例明显上升（2018届0.8%，2022届3.1%），这为完善农村基层组织建设、全面推进乡村振兴提供了有力支撑。

二 专业结构的动态调整优化是稳定和促进毕业生就业的根本

稳定和促进毕业生就业离不开去向分流渠道的拓宽与就业帮扶工作的强化，与此同时也需要高职院校增强职业技术教育适应性，结合区域经济社会高质量发展需求合理设置和调整自身专业，不断优化专业结构和布局，从而使培养的毕业生更好地适应经济社会发展和产业转型升级的要求。近年来，高职院校围绕产业需求和区域规划增设了一批支撑现代产业体系构建和区域发展的专业，与此同时也撤销了一批不适应产业升级趋势、培养问题相对突出的专业。

（一）增设专业聚焦先进制造业，毕业生就业质量持续提升

2021、2022年高职院校专业布点总计新增2462个，其中面向先进制造业的装备制造大类专业增设数量较多，包括智能网联汽车技术（93个）、机电一体化技术（51个）、数字化设计与制造技术（50个）等。装备制造大类毕业生的毕业去向落实率保持相对稳定且较高（2022届91.2%），从事专业相关工作的比例逐年上升（2020届54%，2022届59%），平均月收入高于其他专业大类（2022届5256元）；其中，该大类下属的高水平专业（即入选"双高计划"第一轮建设单位名单的专业群核心专业）毕业生优势更加明显。这

类专业的增设整体上能够较好地适应制造业优化升级与高端装备产业集群发展的需要，也能为毕业生就业提供较为有力的支撑。

（二）汽车类专业撤销数量较多，主要是学校围绕产业链升级进行的主动优化调整

从近两年专业布点数减少较多的专业来看，传统的汽车类专业排名靠前，包括汽车制造与试验技术、汽车技术服务与营销、汽车电子技术等（分别撤销了38个、31个、20个），覆盖了汽车产业链上中下游各个环节。与此同时，高职院校围绕新能源和智能汽车产业增设的专业也较多，包括智能网联汽车技术、新能源汽车技术等。从主要省份来看，广东省高职院校调整优化的力度较大，2021、2022年共计撤销了9个传统汽车类专业，同时增设了13个新能源和智能汽车相关专业。

结合应届毕业生数据可知，近年来培养规模不断扩大的新能源汽车技术专业毕业生去向落实情况较好（2022届毕业去向落实率为92.8%），月收入较高（2022届5046元）。可见，面对产业链升级带来的用人需求变化，及时主动优化调整自身专业设置与专业培养，可以为毕业生就业提供较为有力的支撑。

三 民企是吸纳毕业生就业的主体，相应的扶持力度可进一步加大

广大民营企业作为吸纳毕业生就业的主体，在稳定增长、吸纳就业以及开拓就业新领域等方面的作用不可替代。了解高职毕业生在民企就业的趋势与特点，可以更有针对性地加强相应的政策扶持，从而为促进经济发展和就业创造更多机会。

（一）制造业中民企占比呈上升趋势，可更加关注中小微制造企业的培育和发展

制造业在毕业生就业市场中继续扮演"压舱石"角色，其中的民企发挥

了重要作用。随着制造业优化升级的稳步推进以及高端装备产业的不断发展，高职毕业生在装备制造领域就业的比例稳步提升。数据显示，2022届高职毕业生在电子电气设备制造业、机械设备制造业就业的比例分别为5.6%、3.7%，相比2018届均上升了0.8个百分点；在这两类行业就业的毕业生中，就职于民营企业的占比持续较高，2022届占了68%。可见民营制造企业在稳就业中发挥了不可替代的作用。

毕业生在中小微制造企业的比例略有下降，可持续关注外部环境对这类企业的影响。进一步从就业所在企业的规模来看，在上述两类行业的民营企业就业的高职毕业生中，就职于中小微企业的占比略呈下降趋势，2022届（58%）比2018届（61%）低了3个百分点。可见相比大企业，中小微企业更容易受到各类外部环境变化的影响。当然，这类"小而专""小而美""小而精"的企业是产业链供应链的重要环节，其培育和发展能够进一步促进高职专业群与产业链、岗位群的对接，从而更大程度地稳定和促进毕业生就业。对于这类企业的扶持政策可持续完善。

（二）长三角、珠三角地区民营经济更为活跃，为毕业生提供了较多就业机会

从不同地区就业的应届高职毕业生来看，在长三角、珠三角地区就业的群体在民营企业的比例较高，2022届分别达到73%、72%，明显高于在其他地区就业的群体（2022届66%）。长三角、珠三角地区分别以江苏、广东为代表，经济实力较强，民营经济活跃，且与高职院校之间的校企合作较为紧密，这为毕业生提供了较多就业机会；2022届长三角、珠三角地区高职院校毕业生的毕业去向落实率（分别为91.4%、89.9%）保持领先。各地可进一步完善相关政策，更大程度促进民营企业发展壮大，从而为毕业生就业提供更加有力的支撑。

四　高职培养环节需持续改进，以更好地支撑毕业生就业与发展

高等职业教育教学与服务不断优化，毕业生对学校教学、学生工作、就业指导等方面的满意度均呈上升趋势。当然值得关注的是，面对产业优化升级的不断深入，高职培养环节也需要相应完善以适应产业发展趋势，特别是在课程建设环节，一部分专业大类仍有较大的改进空间。具体来看，电子信息大类、装备制造大类毕业生对专业核心课程的重要度评价（2022届分别为80%、85%）相比其他专业大类仍偏低，且毕业生表示课程内容不实用或陈旧的比例（2022届分别为34%、30%）较为突出。

课程是实现学生能力达成的基本单位，课程效果的不足不利于学生的能力达成。数据显示，电子信息大类、装备制造大类毕业生的职业能力达成度（2022届分别为81%、82%）相对较低（2022届高职平均84%）。相关院校和专业可持续关注课程建设效果，以更好地支撑毕业生的能力达成以及后续发展。

分 报 告
Sub Reports

B.2 高职生毕业去向分析

摘　要： 随着高校毕业生人数的持续增长，受多重超预期因素的影响，应届高职毕业生去向落实难度加大。虽然专升本规模持续扩大，对就业起到了一定程度的缓冲作用，但专升本规模增速已明显放缓，对毕业生的吸纳接近饱和状态，同时需关注专升本群体在2~3年后的就业压力。与此同时，制造业高端化、智能化、绿色化的稳步发展，与能源供应、基建等领域共同发挥着"压舱石"作用，为稳就业提供支持，相关专业毕业生的毕业去向落实率保持在较高水平。东部地区在这些领域的发展处于领先地位，中部地区增速较快，为毕业生提供了更多的就业机会和选择，这两大区域内高职院校毕业生的毕业去向落实率也相对较高。

关键词： 毕业去向落实率　专升本　就业　高职生

一　毕业去向分布

毕业半年后： 2022届毕业生毕业第二年（即2023年）的1月左右。麦可思在此时展开跟踪评价。此时毕业生的就业状况趋于稳定，有工作经历的毕业生也能够评估工作对自己知识、能力的要求水平。

毕业三年后： 麦可思于2022年对2019届大学毕业生进行了三年后跟踪评价（曾于2020年初对这批大学毕业生进行半年后跟踪评价），本报告涉及的三年内的变化分析使用这两次对同一批大学生的跟踪评价数据。

毕业去向分布： 麦可思将中国高职毕业生的毕业状况分为七类：受雇工作、自由职业、自主创业、入伍、读本科、准备升学、待就业。其中，受雇工作包含受雇全职工作、受雇半职工作，受雇全职工作指平均每周工作32小时或以上，受雇半职工作指平均每周工作20~31小时。待就业包含"无工作，继续寻找工作""无工作，其他"。

院校类型： 本报告分析中，高职院校类型划分为"双高"院校和非"双高"院校。其中"双高"院校包含高水平建设院校56所、高水平专业群建设院校141所。非"双高"院校包含除"双高"院校以外的高职院校。

2022届高校毕业生规模首次突破1000万人，就业总量压力较大。在经济社会发展面临多重超预期因素的影响下，毕业生去向落实难度增加。当然，与此同时，专升本规模进一步扩大，制造、基础设施建设等领域继续发挥着"压舱石"作用，这些因素对就业起到了一定程度的缓冲作用，为稳就业提供了支撑。

从应届高职毕业生的毕业去向来看，读本科的比例进一步上升，2022届达到了20.1%，相比2018届（6.3%）上升了13.8个百分点；受雇工作的比例（2022届60.0%，2018届82.0%）相应下降（见表2-1）。当然，专升本招生规模增长趋于饱和，且近年来一批普通本科院校逐步停止专升本招生，未来可更多关注职业教育的贯通培养。

表 2-1　2018~2022 届高职院校毕业生毕业半年后的去向分布变化

单位：%，个百分点

高职院校毕业生 毕业去向分布	2022 届	2021 届	2020 届	2019 届	2018 届	五年变化
受雇工作	60.0	64.4	68.4	80.3	82.0	-22.0
自由职业	3.0	2.8	3.6	—	—	—
自主创业	3.2	3.1	2.8	3.4	3.6	-0.4
入伍	1.4	1.0	0.8	0.6	0.6	0.8
读本科	20.1	19.3	15.3	7.6	6.3	13.8
未就业	12.3	9.4	9.1	8.1	7.5	4.8

注：1."自由职业"为 2020 届新增选项，下同。
　　2. 五年变化是指 2022 届的比例减去 2018 届的比例，下同。
　　3. 未就业包括准备升学和待就业，下同。
资料来源：麦可思－中国 2018~2022 届大学毕业生培养质量跟踪评价。

从不同院校类型来看，"双高"院校毕业生读本科比例更高，2022 届达到了 21.4%，比 2021 届（20.2%）高了 1.2 个百分点；非"双高"院校毕业生读本科比例也持续上升，2022 届达到了 19.9%（见表 2-2、表 2-3）。

表 2-2　2018~2022 届"双高"院校毕业生毕业半年后的去向分布变化

单位：%，个百分点

"双高"院校毕业生 毕业去向分布	2022 届	2021 届	2020 届	2019 届	2018 届	五年变化
受雇工作	60.9	65.8	68.8	80.1	82.7	-21.8
自由职业	2.7	2.5	3.3	—	—	—
自主创业	3.2	3.0	2.7	3.3	3.6	-0.4
入伍	1.6	1.2	1.0	0.7	0.5	1.1
读本科	21.4	20.2	17.2	9.9	7.6	13.8
未就业	10.2	7.3	7.0	6.0	5.6	4.6

资料来源：麦可思－中国 2018~2022 届大学毕业生培养质量跟踪评价。

高职生毕业去向分析

表 2-3 2018~2022 届非"双高"院校毕业生毕业半年后的去向分布变化

单位：%，个百分点

非"双高"院校毕业生毕业去向分布	2022 届	2021 届	2020 届	2019 届	2018 届	五年变化
受雇工作	59.7	64.0	68.4	80.3	81.8	-22.1
自由职业	3.1	2.9	3.6	—	—	—
自主创业	3.2	3.1	2.8	3.4	3.6	-0.4
入伍	1.4	1.0	0.8	0.5	0.6	0.8
读本科	19.9	19.2	15.0	7.2	6.1	13.8
未就业	12.7	9.8	9.4	8.6	7.9	4.8

资料来源：麦可思－中国 2018~2022 届大学毕业生培养质量跟踪评价。

随着离校时间的推移，毕业生的去向落实将越来越充分。到毕业三年后，高职毕业生已普遍受雇工作，同时自主创业的比例也较高。具体来看，2019 届高职毕业生在毕业三年后受雇工作的比例超过八成（82.3%），自主创业的比例为 5.8%；"双高"院校、非"双高"院校毕业生在毕业三年后受雇工作的比例分别为 83.0%、82.1%，自主创业的比例分别为 6.0%、5.8%（见图 2-1）。

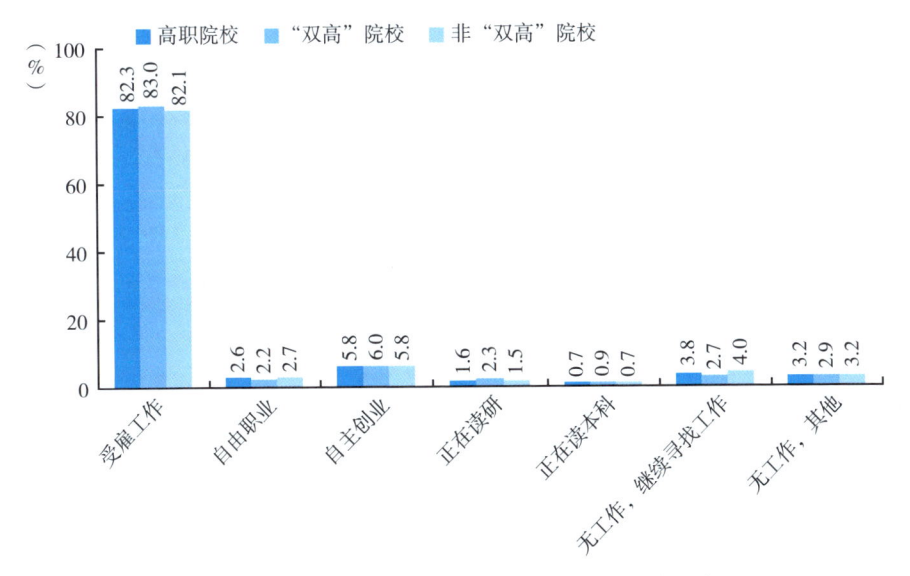

图 2-1 2019 届高职毕业生毕业三年后的去向分布

资料来源：麦可思－中国 2019 届大学毕业生三年后职业发展跟踪评价。

011

二 毕业去向落实率分析

毕业去向落实率：高职毕业生的毕业去向落实率=已就业高职毕业生数/高职毕业生总数。其中已就业人群包括"受雇工作""自由职业""自主创业""入伍""读本科"五类。

在高校毕业生规模持续扩大、多重超预期因素给毕业生就业增加难度的情况下，专升本对高职毕业生的分流作用继续扩大，延缓了就业总量压力，为毕业去向落实率的稳定提供了支撑。数据显示，2022届高职毕业生毕业半年后毕业去向落实率为87.7%，其中"双高"院校毕业去向落实率为89.8%，高于非"双高"院校（87.3%）（见图2-2）。

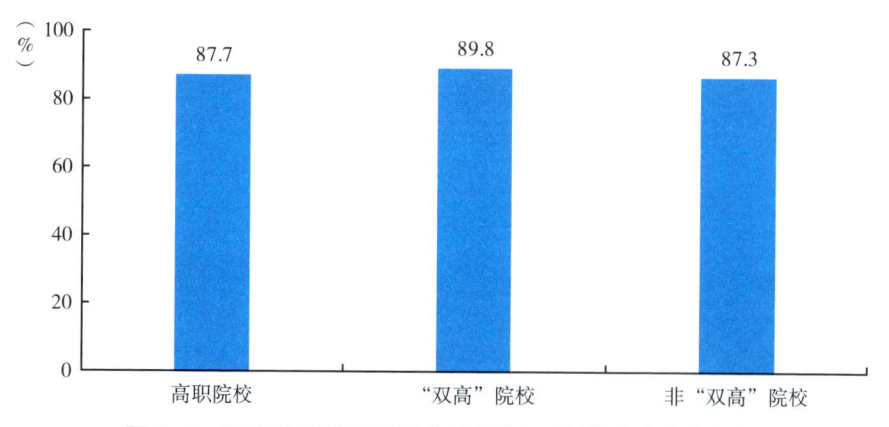

图2-2　2022届高职生毕业生毕业半年后的毕业去向落实率

资料来源：麦可思-中国2022届大学毕业生培养质量跟踪评价。

区域：本研究基于国家统计局东、中、西部和东北地区划分标准，将中国内地31个省、自治区和直辖市分为四大地区，其中**东部地区**包括北京、天津、河北、上海、江苏、浙江、福建、山东、广东、海南10个省（市）；**中部地区**包括山西、安徽、江西、河南、湖北、湖南6个省；**西部地区**包括内蒙古、广西、重庆、四川、贵州、云南、西藏、陕西、甘肃、青海、宁夏、新疆 12 个省（区、市）；**东北地区**包括辽宁、吉林、黑龙江 3 个省。

三大经济区域：京津冀、长三角、珠三角地区是国家主要的人口聚集地和经济社会发展的重要引擎和增长极，对高校毕业生就业具有重要保障作用，本研究将其单独列出分析。

东部地区整体发展水平较高，中部地区经济增长较快，毕业生就业机会和选择相对较多。从不同地区来看，2022 届东部、中部地区高职院校毕业生毕业半年后的毕业去向落实率（分别为 88.8%、88.7%）相对较高；西部地区的毕业去向落实率为 85.9%，其中西南地区（87.1%）高于西北地区（84.6%）；东北地区的毕业去向落实率（84.6%）相对较低（见图 2-3）。

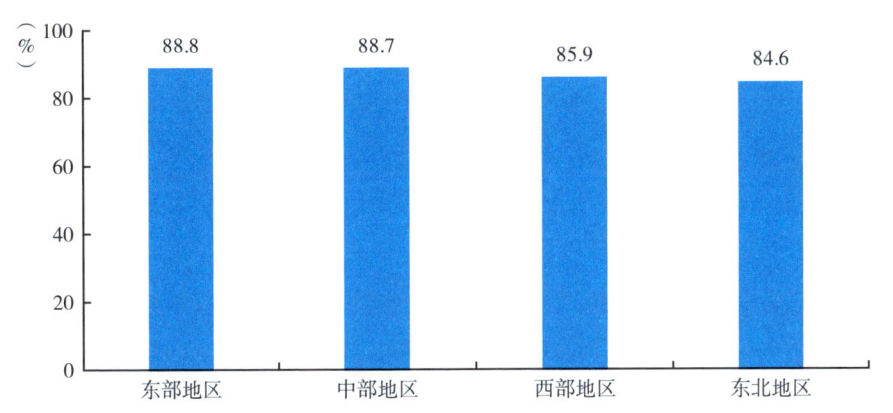

图 2-3　2022 届各区域高职毕业生毕业半年后的毕业去向落实率

资料来源：麦可思 - 中国 2022 届大学毕业生培养质量跟踪评价。

另外从三大经济区域来看，长三角地区高职院校毕业生毕业半年后的毕业去向落实率（91.4%）最高，其次是珠三角地区（89.9%）（见图 2-4）。这两个地区经济实力较强，且民营经济较为活跃，这为毕业生就业提供了有力支撑。

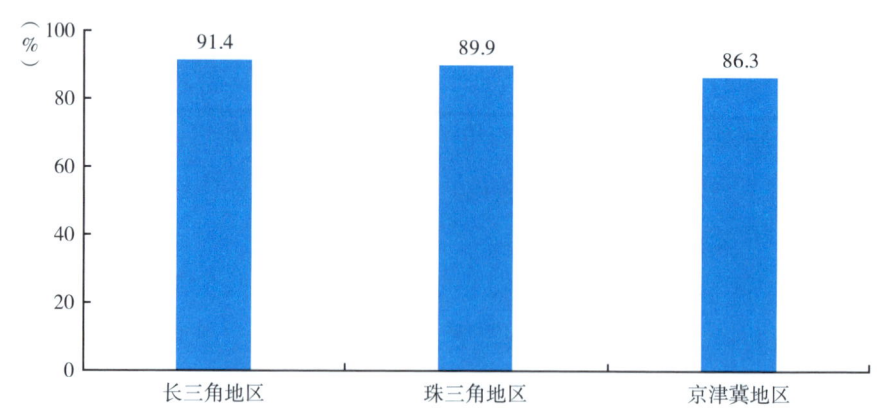

图 2-4　2022 届三大经济区域高职毕业生毕业半年后的毕业去向落实率

资料来源：麦可思－中国 2022 届大学毕业生培养质量跟踪评价。

专业大类：按照教育部的专业目录，本次跟踪评价覆盖了高职院校所开设的专业大类 19 个。

专业类：按照教育部的专业目录，本次跟踪评价覆盖了高职院校所开设的专业类 94 个。

专业：按照教育部的专业目录，本次跟踪评价覆盖了高职院校所开设的专业 582 个。

伴随着制造业绿色低碳转型与优化升级的稳步推进、能源产供销储体系建设的不断加强，相关专业的毕业去向落实率较高。从不同专业大类来看，2022 届生物与化工大类、能源动力与材料大类、装备制造大类的毕业去向落实率（分别为 92.1%、91.7%、91.2%）列前三位，医药卫生大类的毕业去向落实率（85.7%）相对较低（见表 2-4）。

进一步从各专业类来看，上述前三位专业大类下属的化工技术类、船舶与海洋工程装备类、电力技术类、机电设备类专业毕业去向落实率均进入前五，分别达到 93.0%、92.7%、92.5%、92.3%。其他专业大类中，面向现代化基础设施体系建设的道路运输类专业，以及面向基层医疗卫生服务的临床医学类专业毕业去向落实率也进入前五（含并列），均为 92.3%（见表 2-5）。

表 2-4　2022 届高职各专业大类毕业生毕业半年后的毕业去向落实率

单位：%

高职专业大类名称	毕业去向落实率	高职专业大类名称	毕业去向落实率
生物与化工大类	92.1	交通运输大类	88.3
能源动力与材料大类	91.7	财经商贸大类	87.4
装备制造大类	91.2	旅游大类	87.4
土木建筑大类	90.0	教育与体育大类	87.1
资源环境与安全大类	89.2	电子信息大类	87.0
农林牧渔大类	89.0	文化艺术大类	86.9
公共管理与服务大类	89.0	医药卫生大类	85.7
食品药品与粮食大类	88.7	全国高职	87.7
新闻传播大类	88.5		

注：个别专业大类因为样本较少，没有包括在内。
资料来源：麦可思－中国 2022 届大学毕业生培养质量跟踪评价。

表 2-5　2022 届高职主要专业类毕业生毕业半年后的毕业去向落实率

单位：%

高职专业类名称	毕业去向落实率	高职专业类名称	毕业去向落实率
化工技术类	93.0	建筑设备类	88.8
船舶与海洋工程装备类	92.7	经济贸易类	88.7
电力技术类	92.5	农业类	88.7
机电设备类	92.3	电子信息类	88.6
道路运输类	92.3	房地产类	88.5
临床医学类	92.3	铁道运输类	88.5
市政工程类	92.1	药学类	88.5
机械设计制造类	92.0	食品工业类	88.4
土建施工类	91.4	广播影视类	88.3
自动化类	90.9	语言类	88.1
汽车制造类	90.7	康复治疗类	88.1
环境保护类	90.5	公共服务类	88.0
药品制造类	90.5	餐饮类	87.9
食品药品管理类	90.5	市场营销类	87.9

续表

高职专业类名称	毕业去向落实率	高职专业类名称	毕业去向落实率
建设工程管理类	90.3	艺术设计类	87.8
城市轨道交通类	90.2	航空运输类	87.7
畜牧业类	90.1	金融类	87.6
通信类	89.6	旅游类	87.2
建筑设计类	89.5	教育类	87.1
林业类	89.4	财务会计类	86.9
医学技术类	89.4	工商管理类	86.9
公共管理类	89.4	计算机类	86.6
电子商务类	89.1	水上运输类	86.3
测绘地理信息类	89.1	护理类	84.5
公共事业类	89.1	表演艺术类	83.6
物流类	88.8	全国高职	87.7

注：个别专业类因为样本较少，没有包括在内。
资料来源：麦可思－中国2022届大学毕业生培养质量跟踪评价。

面向基础设施建设、医学技术与基层医疗、装备制造、新能源汽车等领域的专业毕业去向落实率较高。从2022届就业量最大的前50位高职专业来看，毕业半年后毕业去向落实率较高的专业包括道路桥梁工程技术（93.5%）、医学检验技术（93.3%）、机械设计与制造（93.0%）、新能源汽车技术（92.8%）、临床医学（92.6%）等（见表2-6）。其中，近年来新能源汽车技术专业布点数新增较多，培养规模不断扩大；伴随着新能源汽车产业的快速发展，该专业毕业去向落实情况较好。

从高职生毕业去向落实率排名前50位的专业来看，工程类专业的占比进一步提升，已超过七成，其中装备制造大类下属的专业数量最多，达到13个，主要面向数控机床、机械设备、新能源汽车、机器人等领域，包括数控设备应用与维护（94.8%）、模具设计与制造（93.7%）、机械设计与制造（93.0%）、新能源汽车技术（92.8%）、工业机器人技术（92.3%）等；其他工程类专业中，与铁路运输、化工制药、电力能源、基建等领域相关的专业表现相对突出，包括铁道机车（94.2%）、药品质量与安全（93.8%）、发电厂及电力系统（93.7%）、石油化工技术（93.6%）、铁道工程技术（93.6%）等。另外，非工程类专业中，毕业去向落实率较高的包括社会体育（94.5%）、眼视光技术（94.0%）、人力资源管理（93.8%）等（见表2-7）。

表2-6 2022届高职毕业生毕业半年后就业量最大的前50位专业的毕业去向落实率

单位：%

高职就业量最大的前50位专业名称	毕业去向落实率
道路桥梁工程技术	93.5
医学检验技术	93.3
机械设计与制造	93.0
新能源汽车技术	92.8
临床医学	92.6
工业机器人技术	92.3
数控技术	92.2
应用电子技术	91.9
建筑工程技术	91.4
机械制造与自动化	91.3
建筑装饰工程技术	91.2
机电一体化技术	90.9
电子信息工程技术	90.7
汽车检测与维修技术	90.7
国际经济与贸易	90.6
工程造价	90.6
电气自动化技术	90.4
商务英语	90.2
数字媒体应用技术	89.9
应用英语	89.8
畜牧兽医	89.7
广告设计与制作	89.6

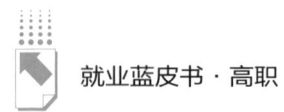

续表

高职就业量最大的前50位专业名称	毕业去向落实率
建设工程管理	89.5
环境艺术设计	89.3
建筑室内设计	89.3
电子商务	88.9
酒店管理	88.8
视觉传播设计与制作	88.7
物流管理	88.7
药学	88.4
城市轨道交通运营管理	88.4
学前教育	88.3
艺术设计	88.0
物联网应用技术	88.0
大数据技术与应用	87.9
市场营销	87.5
空中乘务	87.3
会计	87.0
工商企业管理	86.8
计算机网络技术	86.7
计算机应用技术	86.5
财务管理	86.3
助产	85.8
软件技术	85.7
旅游管理	85.5
金融管理	85.2
动漫制作技术	84.8
语文教育	84.4
护理	84.3
小学教育	83.9
全国高职	87.7

资料来源：麦可思－中国2022届大学毕业生培养质量跟踪评价。

表 2-7　2022 届高职毕业生毕业半年后毕业去向落实率排前 50 位的主要专业

单位：%

高职毕业生毕业去向落实率排前 50 位的专业名称	毕业去向落实率
数控设备应用与维护	94.8
社会体育	94.5
铁道机车	94.2
眼视光技术	94.0
人力资源管理	93.8
药品质量与安全	93.8
发电厂及电力系统	93.7
模具设计与制造	93.7
石油化工技术	93.6
铁道工程技术	93.6
道路桥梁工程技术	93.5
医学检验技术	93.3
口腔医学	93.2
工业分析技术	93.2
机械设计与制造	93.0
药品生产技术	92.9
国际贸易实务	92.8
应用化工技术	92.8
新能源汽车技术	92.8
城市轨道交通机电技术	92.7
临床医学	92.6
产品艺术设计	92.5
建筑设备工程技术	92.4
电力系统自动化技术	92.3
工业机器人技术	92.3
数控技术	92.2

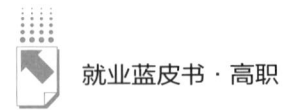

续表

高职毕业生毕业去向落实率排前 50 位的专业名称	毕业去向落实率
工业设计	92.2
建筑经济管理	92.1
医学美容技术	92.1
市政工程技术	92.1
室内艺术设计	92.1
城市轨道交通工程技术	92.0
社会工作	92.0
通信技术	91.9
应用电子技术	91.9
汽车运用与维修技术	91.8
智能控制技术	91.6
汽车制造与装配技术	91.6
供用电技术	91.6
机电设备维修与管理	91.4
建筑工程技术	91.4
机械制造与自动化	91.3
口腔医学技术	91.2
建筑装饰工程技术	91.2
建筑智能化工程技术	91.1
环境工程技术	90.9
机电一体化技术	90.9
汽车电子技术	90.9
工业过程自动化技术	90.8
动物医学	90.8
全国高职	87.7

注：毕业生规模过小的专业不包括在此排序中。

资料来源：麦可思－中国 2022 届大学毕业生培养质量跟踪评价。

三 未就业分析

未就业：本研究将应届毕业生在毕业半年后跟踪评价时既没有受雇工作，也没有自主创业、自由职业、入伍或升学的状态，视为未就业。这包括准备升学、还在找工作和其他暂不就业三种情况。

2022届高职毕业生毕业半年后未就业的比例为12.3%，其中"双高"院校毕业生未就业比例（10.2%）低于非"双高"院校（12.7%）（见图2-5）。

图2-5 2018~2022届高职毕业生未就业比例变化趋势

资料来源：麦可思－中国2018~2022届大学毕业生培养质量跟踪评价。

未就业的高职毕业生以求职为主，2022届超四成（41%）正在找工作，尚未落实工作主要与其个人求职预期、择业标准、职业规划有关。正在找工作的高职毕业生中，有六成以上（61%）收到过用人单位的录用通知，未接受录用的主因是出于薪资福利、个人发展空间等方面的考虑，这也反映出部分毕业生的求职预期和实际职场之间依然存在不相匹配的情况（见图2-6、图2-7、图2-8）。

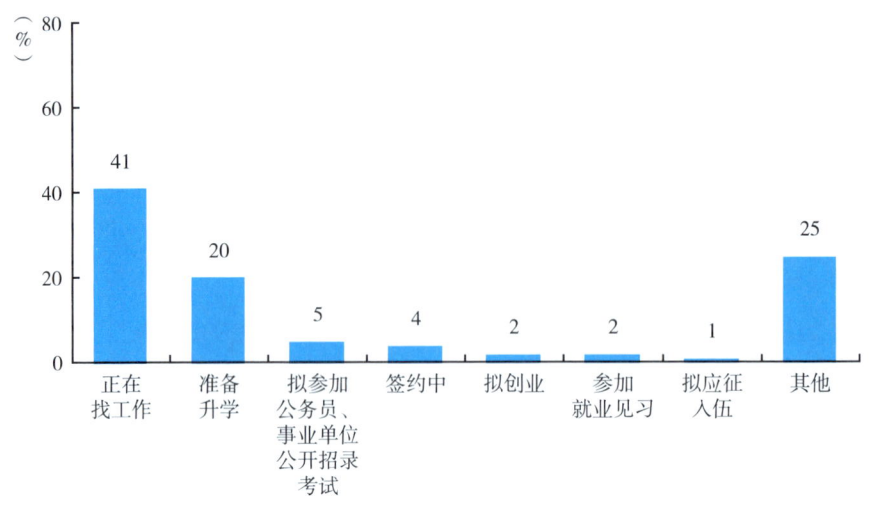

图 2-6　2022 届高职未就业毕业生分布

资料来源：麦可思-中国 2022 届大学毕业生培养质量跟踪评价。

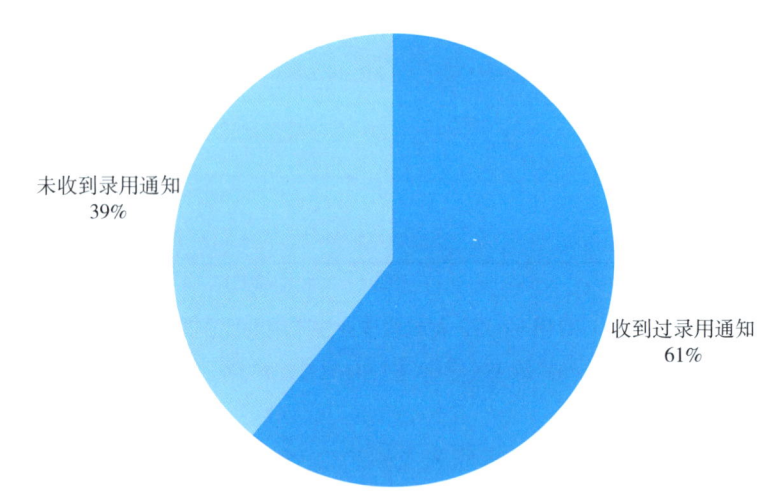

类别	比例(%)
正在找工作	41
准备升学	20
拟参加公务员、事业单位公开招录考试	5
签约中	4
拟创业	2
参加就业见习	2
拟应征入伍	1
其他	25

图 2-7　2022 届高职正在找工作的毕业生收到过录用通知的比例

- 未收到录用通知 39%
- 收到过录用通知 61%

资料来源：麦可思-中国 2022 届大学毕业生培养质量跟踪评价。

高职生毕业去向分析

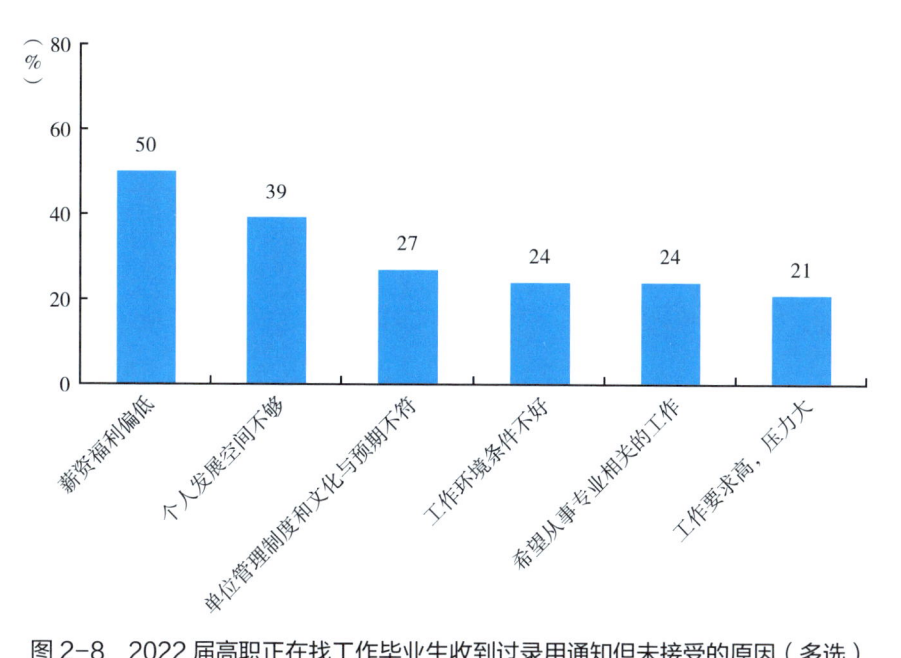

图 2-8　2022 届高职正在找工作毕业生收到过录用通知但未接受的原因（多选）

资料来源：麦可思－中国 2022 届大学毕业生培养质量跟踪评价。

- 薪资福利偏低：50%
- 个人发展空间不够：39%
- 单位管理制度和文化与预期不符：27%
- 工作环境条件不好：24%
- 希望从事专业相关的工作：24%
- 工作要求高，压力大：21%

B.3
高职毕业生就业结构分析

摘　要： 高职毕业生就业重心进一步下沉到地级城市及以下地区，其中更多人进入基层医疗或城乡社区服务领域服务；与此同时，新一线城市的数字经济持续发展，其互联网平台服务、电子信息制造领域对毕业生的吸纳能力提升。从就业领域来看，基建领域继续发挥"压舱石"作用，大型基础设施建设稳步推进，毕业生在基建领域就业比例保持稳定。现代化产业体系建设的加快为毕业生就业提供了有力支撑，产业结构优化升级加快，能源产供储销体系建设加强，毕业生在装备制造和能源供应等领域的就业比例稳步提升。值得注意的是，中小微民企作为吸纳毕业生的主体，是产业链和供应链的重要环节，加强对中小微民企的政策扶持，可为促进经济发展和就业创造更多机会。

关键词： 就业重心　基层服务　数字经济　中小微民企　高职生

一　就业地分析

东部地区人才吸引力较强，中部和东北地区毕业生外流较多。从应届高职毕业生就业地[①]分布来看，2022届在东部地区就业的占比（49.9%）最高，其次是西部地区（25.5%）；综合各地区高职院校毕业生占比和毕业去向落实率来看，东部地区对人才的吸引力（毕业生占比35.3%、毕业去向落实率

[①] 就业地：指大学毕业生的就业所在地区。

88.8%）最强，毕业生流入较多；中部地区（毕业生占比 29.4%、毕业去向落实率 88.7%）、东北地区（毕业生占比 7.5%、毕业去向落实率 84.6%）毕业生外流较多（见表 3-1）。

表 3-1　2022 届高职毕业生就业地的分布

单位：%

各区域	2022 届高职毕业生在该地区就业的比例	2022 届该地区高职毕业生实际人数比例	毕业去向落实率
东部地区	49.9	35.3	88.8
西部地区	25.5	27.8	85.9
中部地区	21.1	29.4	88.7
东北地区	3.5	7.5	84.6

资料来源：麦可思－中国 2022 届大学毕业生培养质量跟踪评价，中华人民共和国国家统计局。

另外，从三大经济区域来看，长三角、珠三角地区对人才的吸引力较强，有较多高职毕业生流入上述地区（见表 3-2）。

表 3-2　2022 届高职毕业生在三大经济区域就业的情况

单位：%

三大经济区域	2022 届高职毕业生在该地区就业的比例	2022 届该地区高职毕业生实际人数比例	毕业去向落实率
长三角地区	19.4	14.7	91.4
珠三角地区	18.9	14.4	89.9
京津冀地区	7.0	6.9	86.3

资料来源：麦可思－中国 2022 届大学毕业生培养质量跟踪评价，中华人民共和国国家统计局。

城市类型：

1. 本研究按行政级别把中国内地城市分为以下三种类型。

a. 直辖市：包括北京、上海、天津、重庆。

b. 副省级城市：包括哈尔滨、长春、沈阳、大连、济南、青岛、南京、杭州、宁波、厦门、广州、深圳、武汉、成都、西安 15 个城市。部分省会城

市不属于副省级城市。

c. 地级城市及以下：如绵阳、保定、苏州等，也包括省会城市如福州、银川等，以及地级市下属的县、乡等。

2. 本研究按城市发展水平、综合经济实力等把主要城市分为一线城市和新一线城市。

一线城市：北京、上海、广州、深圳。

新一线城市：《第一财经周刊》于2013年首次提出"新一线城市"概念，依据商业资源集聚度、城市枢纽性、城市人活跃度、生活方式多样性和未来可塑性五大指标，每年评出15座新一线城市。2022年评出的15座新一线城市依次是：成都、重庆、杭州、西安、武汉、苏州、郑州、南京、天津、长沙、东莞、宁波、佛山、合肥、青岛。

基层医疗、城乡社区服务领域需求的增长促使高职毕业生就业重心进一步下沉。从近五年趋势来看，高职毕业生选择在地级城市及以下地区就业的比例呈上升趋势，从2018届的61%上升到2022届的66%，其中在基层医疗卫生服务机构、基层群众自治组织等领域的比例均有所上升；与之相对应的，毕业生选择在直辖市、副省级城市就业的比例均有所下降，分别从2018届的11%、28%下降到2022届的9%、25%（见图3-1）。

图3-1 2018~2022届高职毕业生就业城市类型分布变化

资料来源：麦可思－中国2018~2022届大学毕业生培养质量跟踪评价。

新一线城市对应届高职毕业生的吸引力保持稳定，其中数字经济领域对高职毕业生的吸纳有所增加。从近五年的数据来看，高职毕业生选择在新一线城市就业的比例保持稳定，在22%~24%，其中在互联网平台服务、电子信息制造等数字经济相关领域就业的比例呈上升趋势；毕业生在一线城市就业的比例从2018届的15%下降到2022届的13%（见图3-2）。

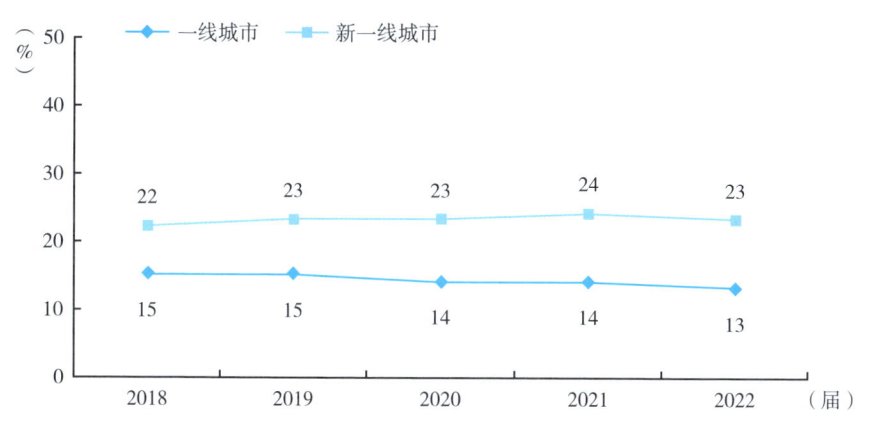

图3-2 2018~2022届高职毕业生在一线、新一线城市就业的比例变化趋势

资料来源：麦可思－中国2018~2022届大学毕业生培养质量跟踪评价。

二　行业、职业流向分析

（一）就业的主要行业及变化趋势

行业： 根据麦可思中国行业分类体系，本次跟踪评价覆盖了高职毕业生就业的331个行业。

本节各图表中的"就业比例" = 在某类行业中就业的高职毕业生人数/全国同届次高职毕业生就业总数。

制造、基建等领域发挥着"压舱石"作用，为高职毕业生就业提供了保障；基本民生的强化以及新业态新模式的发展为毕业生提供了更多选择。从毕业生就业行业的占比来看，2022届高职毕业生毕业半年后就业量最大的行业类是"建筑业"（9.6%），其后依次是"医疗和社会护理服务业"（8.0%）、"零售业"（6.5%）、"教育业"（5.9%）等（见表3-3）。

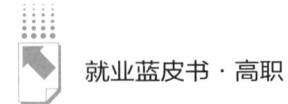

表 3-3　2018~2022 届高职毕业生就业的主要行业类变化趋势

单位：%，个百分点

行业类名称	2022届	2021届	2020届	2019届	2018届	五年变化
建筑业	9.6	10.7	11.4	11.1	11.9	-2.3
医疗和社会护理服务业	8.0	8.0	7.4	7.5	7.7	0.3
零售业	6.5	6.7	6.6	6.4	6.6	-0.1
教育业	5.9	6.9	7.7	7.8	7.3	-1.4
信息传输、软件和信息技术服务业	5.8	5.7	5.7	5.8	5.4	0.4
电子电气设备制造业（含计算机、通信、家电等）	5.6	5.1	4.8	4.6	4.8	0.8
住宿和餐饮业	4.3	4.0	3.9	3.9	3.5	0.8
居民服务、修理和其他服务业	4.1	4.7	4.6	4.7	4.6	-0.5
各类专业设计与咨询服务业	3.9	4.3	4.3	4.7	4.9	-1.0
政府及公共管理	3.8	3.0	3.0	3.2	3.3	0.5
机械设备制造业	3.7	3.5	3.3	3.1	2.9	0.8
金融业	3.6	4.0	4.2	4.6	5.2	-1.6
文化、体育和娱乐业	3.5	3.3	3.0	3.1	2.8	0.7
运输业	2.8	2.8	2.8	3.0	3.0	-0.2
化学品、化工、塑胶制造业	2.6	2.4	2.3	2.3	2.5	0.1
行政、商业和环境保护辅助业	2.3	2.3	2.3	2.4	2.5	-0.2
农、林、牧、渔业	2.3	2.2	2.3	1.9	1.9	0.4
交通运输设备制造业	2.3	2.1	2.0	2.1	2.5	-0.2
电力、热力、燃气及水生产和供应业	2.2	1.9	2.0	1.8	1.3	0.9
其他制造业	2.1	1.5	1.2	1.0	0.6	1.5
医药及设备制造业	2.1	2.1	2.1	2.1	1.9	0.2
房地产开发及租赁业	2.0	2.3	2.9	3.0	3.1	-1.1
纺织、服装、皮革制造业	1.9	1.9	1.7	1.7	1.5	0.4
食品、烟草、加工业	1.7	1.5	1.5	1.5	1.7	0
邮递、物流及仓储业	1.4	1.5	1.6	1.5	1.6	-0.2
批发业	1.3	1.4	1.5	1.4	1.7	-0.4

续表

行业类名称	2022届	2021届	2020届	2019届	2018届	五年变化
初级金属制造业	1.1	1.0	0.9	0.8	0.8	0.3
采矿业	0.8	0.7	0.7	0.6	0.5	0.3
家具制造业	0.8	0.9	0.9	0.9	0.9	−0.1
玻璃黏土、石灰水泥制品业	0.8	0.7	0.6	0.5	0.6	0.2
其他租赁业	0.3	0.3	0.3	0.3	0.2	0.1
群众团体、社会团体和宗教组织	0.3	0.2	0.2	0.2	0.1	0.2
木品和纸品业	0.3	0.2	0.2	0.3	0.4	−0.1

注：表中显示数字均保留一位小数，因为四舍五入进位，加起来可能不等于100%。
资料来源：麦可思－中国2018~2022届大学毕业生培养质量跟踪评价。

从变化趋势来看，高职毕业生在"建筑业"就业的比例较往届下降较多，其下降主要集中在房屋建筑领域，2022届就业比例为4.0%，五年内下降了1.6个百分点；基础设施建设领域保持稳定（2022届3.0%，2018届3.2%）。

高职毕业生在"医疗和社会护理服务业"就业的比例整体保持稳定，其中在基层医疗卫生服务机构的比例呈上升趋势，2022届（1.9%）已追平综合医院。

高职毕业生在装备制造业就业的比例稳步提升，其中在"电子电气设备制造业""机械设备制造业"就业的比例相对较高，2022届分别达到5.6%、3.7%，比2018届（分别为4.8%、2.9%）均上升了0.8个百分点；此外伴随着新能源汽车产业的快速发展，毕业生在交通运输设备制造业就业的比例较2019~2021届有所回升，2022届达到2.3%。

另外，高职毕业生在"教育业"就业的比例持续下降，五年内下降了1.4个百分点，当然伴随着学前教育普惠发展的推进，毕业生在幼儿园与学前教育机构的比例保持稳定，2022届为2.6%（见表3-4）。未来一段时间内面对学龄前儿童数量变化对学前教育需求的影响，相关专业的培养规模可合理、灵活调整。

表 3-4　2022 届高职毕业生就业量最大的前 50 位行业

单位：%

行业名称	就业比例
幼儿园与学前教育机构	2.6
居民服务业	2.6
铁路、道路、隧道和桥梁工程建筑业	2.2
其他制造业	2.1
基层医疗卫生服务机构	1.9
综合医院	1.9
建筑基础、结构、楼房外观承建业	1.9
建筑装修业	1.8
发电、输电业	1.6
药品和医药制造业	1.5
半导体和其他电子元件制造业	1.5
综合性餐饮业	1.5
软件开发业	1.4
中小学教育机构	1.4
互联网平台服务业（工业互联网平台、电商平台等）	1.3
住宅建筑施工业	1.3
百货零售业	1.2
其他文体娱乐和休闲产业	1.1
其他金融投资业	1.1
物流仓储业	1.1
其他信息服务业	1.1
会计、审计与税务服务业	1.1
电气设备制造业	1.0
旅客住宿业	0.9
其他培训学校和机构	0.9
牙医诊所	0.9
非住宅建筑施工业	0.9
其他零售业	0.9

高职毕业生就业结构分析

续表

行业名称	就业比例
其他化工产品制造业	0.8
保险代理、经销、其他保险相关业	0.8
专科医院	0.7
快餐业	0.7
通信设备制造业	0.7
广告及相关服务业	0.7
计算机及外围设备制造业	0.7
基层群众自治组织（含村委会、居委会等）	0.7
司法、执法部门（公检法）	0.7
数据处理、存储、计算、加工等相关服务业	0.6
单件机器制造业	0.6
工业成套设备制造业	0.6
铁路运输业	0.6
互联网零售业	0.6
汽车保养与维修业	0.6
其他通用机械设备制造业	0.6
医疗设备及用品制造业	0.6
酒水、饮料及冷饮服务业	0.6
办公室行政服务业	0.6
其他地产相关业	0.6
建筑、工程及相关咨询服务业	0.6
房地产开发业	0.6

资料来源：麦可思－中国2022届大学毕业生培养质量跟踪评价。

（二）主要行业的就业稳定性

行业转换率： 行业转换是指毕业生在毕业半年后就业于某行业（小类），而毕业三年内进入不同的行业就业。行业转换率是指有多大比例的

031

毕业生在毕业三年内转换了行业。其计算方法为：分母是毕业半年后有工作的毕业生数，分子是毕业三年内所在行业与半年后所在行业不同的毕业生数。

2019届高职毕业生工作三年内有50%转换了行业，略低于2018届（52%）。其中"双高"院校毕业生稳定性相对较强，三年内的行业转换率（48%）低于非"双高"院校（50%）（见图3-3）。

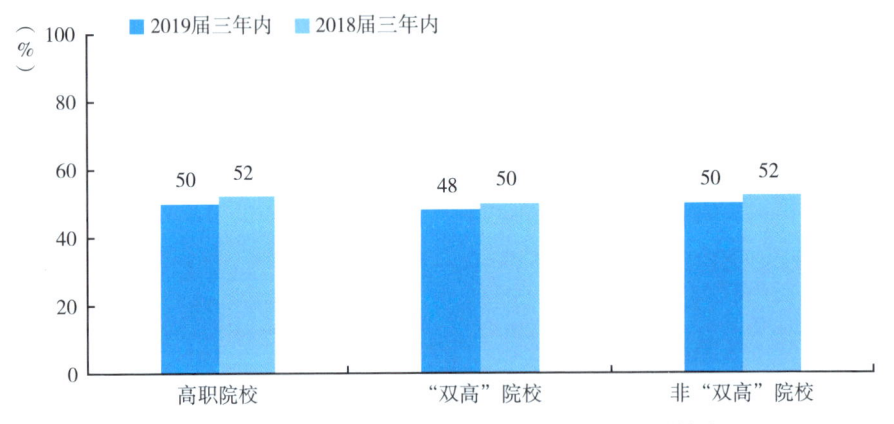

图3-3 2019届高职毕业生毕业三年内的行业转换率（与2018届三年内对比）

资料来源：麦可思-中国2018届、2019届大学毕业生三年后职业发展跟踪评价，2018届、2019届大学毕业生培养质量跟踪评价。

从各专业大类来看，文化艺术大类、旅游大类、电子信息大类毕业生三年内的行业转换率持续较高（2019届分别为68%、63%、62%），医药卫生大类、能源动力与材料大类、交通运输大类毕业生三年内的行业转换率（2019届分别为30%、31%、37%）持续较低（见表3-5）。文化艺术、旅游、电子信息大类毕业生主要就业于生活服务业及互联网行业等，跨行业流动相对较为普遍；医药卫生大类主要面向医疗卫生单位，能源动力与材料大类、交通运输大类主要面向相关领域的国有企业，就业稳定性更强。

表 3-5 2019 届高职各专业大类毕业生毕业三年内的行业转换率（与 2018 届三年内对比）

单位：%

高职专业大类名称	2019届毕业生毕业三年内行业转换率	2018届毕业生毕业三年内行业转换率
文化艺术大类	68	67
旅游大类	63	63
电子信息大类	62	61
财经商贸大类	58	59
食品药品与粮食大类	55	55
装备制造大类	52	55
土木建筑大类	49	47
生物与化工大类	48	50
农林牧渔大类	46	48
资源环境与安全大类	46	46
教育与体育大类	40	43
交通运输大类	37	35
能源动力与材料大类	31	33
医药卫生大类	30	29
全国高职	50	52

注：个别专业大类因为样本较少，没有包括在内。
资料来源：麦可思-中国 2018 届、2019 届大学毕业生三年后职业发展跟踪评价，2018 届、2019 届大学毕业生培养质量跟踪评价。

从不同行业类来看，消费服务行业高职毕业生行业转换率持续较高；民生、装备制造等领域毕业生稳定性较强，行业转换率较低。具体来看，2019 届高职毕业生三年内行业转换率最高前五位行业类是"房地产开发及租赁业"（74%）、"居民服务、修理和其他服务业"（74%）、"文化、体育和娱乐业"（72%）、"金融业"（72%）、"信息传输、软件和信息技术服务业"（70%）；最低的前五位行业类是"电力、热力、燃气及水生产和供应业"（26%）、"运输业"（33%）、"医疗和社会护理服务业"（39%）、"教育业"（42%）、"交通运输设备制造业"（42%）（见图 3-4、图 3-5）。

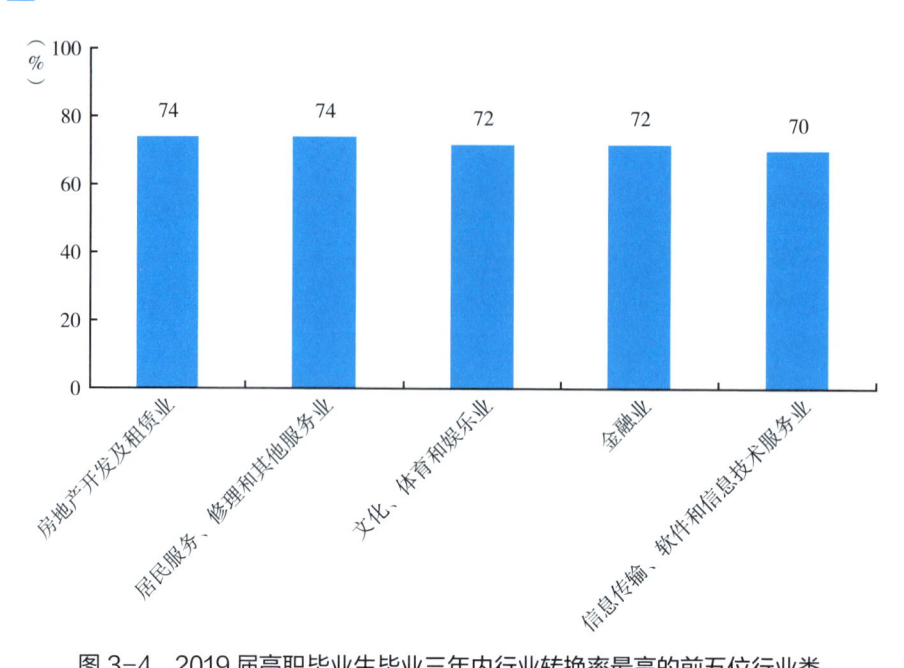

图 3-4 2019 届高职毕业生毕业三年内行业转换率最高的前五位行业类

注：毕业生规模过小的行业类不包括在此排序中。
资料来源：麦可思-中国2019届大学毕业生三年后职业发展跟踪评价，2019届大学毕业生培养质量跟踪评价。

前五位行业类（由高到低）：房地产开发及租赁业(74%)、居民服务·修理和其他服务业(74%)、文化、体育和娱乐业(72%)、金融业(72%)、信息传输·软件和信息技术服务业(70%)。

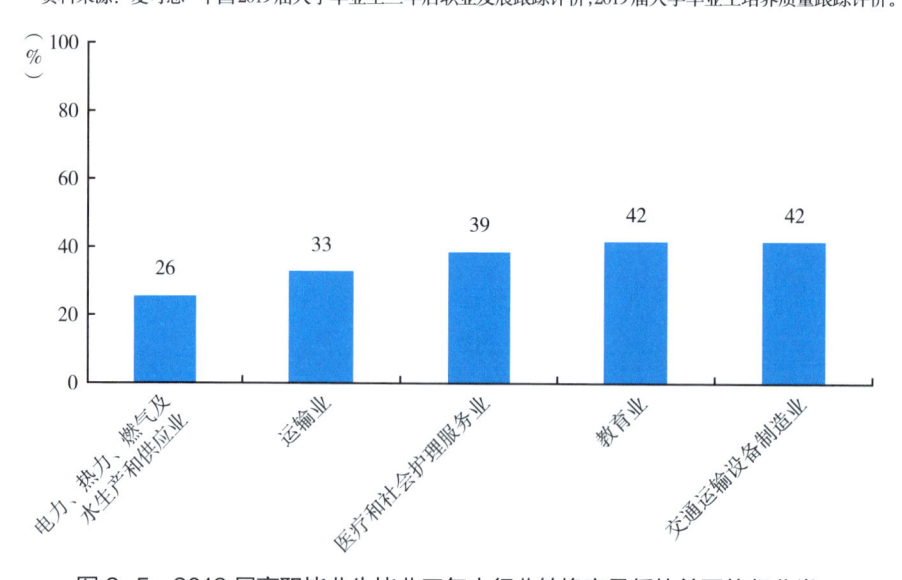

图 3-5 2019 届高职毕业生毕业三年内行业转换率最低的前五位行业类

注：毕业生规模过小的行业类不包括在此排序中。
资料来源：麦可思-中国2019届大学毕业生三年后职业发展跟踪评价，2019届大学毕业生培养质量跟踪评价。

前五位行业类（由低到高）：电力、热力、燃气及水生产和供应业(26%)、运输业(33%)、医疗和社会护理服务业(39%)、教育业(42%)、交通运输设备制造业(42%)。

（三）从事的主要职业及变化趋势

职业：根据麦可思中国职业分类体系，本次跟踪评价覆盖了高职毕业生能够从事的559个职业。

本节各表中的"就业比例" = 在某类职业中就业的高职毕业生人数/全国同届次高职毕业生就业总数。

销售人员占比持续较高，建筑工程、财会类岗位的占比有所下降。从毕业生就业岗位的占比来看，2022届高职毕业生半年后就业最多的职业类是"销售"（9.4%），其后依次是"医疗保健/紧急救助"（7.1%）、"行政/后勤"（7.1%）、"财务/审计/税务/统计"（6.8%）、"建筑工程"（6.4%）等（见表3-6）。其中，"销售"职业类的占比近五年持续较高；"财务/审计/税务/统计"和"建筑工程"职业类的占比相较于2018届（分别为8.1%、7.9%）下降较多，分别下降了1.3个、1.5个百分点，这分别与商务服务领域入门级岗位（会计等）趋于饱和、房屋建筑业需求下降有关。

表3-6 2018~2022届高职毕业生从事的主要职业类变化趋势

单位：%，个百分点

高职职业类名称	2022届	2021届	2020届	2019届	2018届	五年变化
销售	9.4	9.7	9.9	9.8	8.9	0.5
医疗保健/紧急救助	7.1	7.1	6.6	6.6	6.8	0.3
行政/后勤	7.1	7.1	7.2	7.1	7.6	−0.5
财务/审计/税务/统计	6.8	7.2	7.7	7.7	8.1	−1.3
建筑工程	6.4	7.3	8.1	7.8	7.9	−1.5
互联网开发及应用	4.4	4.7	4.4	4.5	4.4	0
餐饮/娱乐	3.8	3.3	3.3	3.2	3.0	0.8
电气/电子（不包括计算机）	3.4	3.2	3.1	3.0	3.0	0.4
机械/仪器仪表	3.2	2.9	2.8	2.8	2.9	0.3
计算机与数据处理	3.1	3.1	2.9	2.9	2.9	0.2
美术/设计/创意	3.1	3.0	3.0	3.0	3.3	−0.2
交通运输/邮电	2.7	2.7	2.6	2.6	2.4	0.3

续表

高职职业类名称	2022届	2021届	2020届	2019届	2018届	五年变化
金融（银行/基金/证券/期货/理财）	2.7	2.9	3.0	3.1	3.8	-1.1
幼儿与学前教育	2.6	2.7	2.5	2.5	2.2	0.4
媒体/出版	2.5	2.2	2.2	2.1	2.7	-0.2
生产/运营	2.5	2.5	2.5	2.4	2.1	0.4
生物/化工	2.2	2.0	1.9	1.9	1.8	0.4
机动车机械/电子	2.2	2.0	1.9	1.8	1.9	0.3
农/林/牧/渔类	1.8	1.6	1.7	1.5	1.5	0.3
电力/能源	1.7	1.5	1.6	1.5	1.4	0.3
人力资源	1.7	2.0	1.8	1.8	1.8	-0.1
酒店/旅游/会展	1.6	1.5	1.5	1.9	1.8	-0.2
物流/采购	1.6	1.4	1.4	1.4	1.6	0
中小学教育	1.4	1.8	2.1	2.1	2.1	-0.7
社区工作者	1.4	0.9	0.8	0.7	0.7	0.7
表演艺术/影视	1.4	1.4	1.2	1.1	0.9	0.5
公安/检察/法院/经济执法	1.2	1.0	0.9	1.1	1.0	0.2
保险	1.1	1.1	1.4	1.4	1.6	-0.5
房地产经营	1.1	1.5	1.8	1.9	2.0	-0.9
工业安全与质量	1.1	1.0	0.9	1.0	0.9	0.2
职业培训/其他教育	0.8	1.3	1.5	1.6	1.2	-0.4
经营管理	0.8	0.9	0.8	0.7	0.7	0.1
美容/健身	0.7	0.7	0.7	0.7	0.7	0
矿山/石油	0.6	0.4	0.4	0.4	0.4	0.2
文化/体育	0.6	0.6	0.5	0.6	0.5	0.1
服装/纺织/皮革	0.6	0.5	0.4	0.5	0.6	0
测绘	0.6	0.6	0.4	0.4	0.5	0.1
环境保护	0.6	0.6	0.5	0.6	0.7	-0.1
船舶机械	0.4	0.3	0.3	0.3	0.1	0.3
航空机械/电子	0.4	0.4	0.4	0.4	0.4	0
家政	0.3	0.2	0.2	0.0	0.0	0.3
冶金材料	0.2	0.2	0.3	0.3	0.2	0
公共关系	0.2	0.2	0.1	0.2	0.2	0
研究人员	0.2	0.2	0.2	0.2	0.2	0

注：表中显示数字均保留一位小数，因为四舍五入进位，加起来可能不等于100%。
资料来源：麦可思－中国2018~2022届大学毕业生培养质量跟踪评价。

另外，近五届高职毕业生从事"医疗保健/紧急救助"职业类的比例整体保持稳定，其中从事"医生助理"的比例呈上升趋势，2022届达到1.4%（见表3-7）。伴随着基层卫生人才队伍建设的加强，更多高职毕业生下沉到基层医疗卫生服务机构服务。

表3-7　2022届高职毕业生就业量最大的前50位职业

单位：%

高职职业名称	就业比例
文员	4.8
会计	3.6
护士	3.0
电子商务专员	2.1
客服专员	2.1
幼儿教师	2.0
营业员	1.7
餐饮服务生	1.5
医生助理	1.4
各类销售服务人员	1.3
建筑技术人员	1.3
室内设计师	1.2
化工厂系统操作人员	1.1
小学教师	1.0
新媒体策划、编辑、运营人员	0.9
施工工程技术人员	0.9
行政秘书和行政助理	0.8
测量技术人员	0.8
推销员	0.8
教育培训人员	0.7
互联网开发人员	0.7
旅店服务人员	0.7

续表

高职职业名称	就业比例
电厂操作人员	0.7
房地产经纪人	0.7
其他社区和村镇工作人员	0.7
信息支持与服务人员	0.6
电气技术人员	0.6
档案管理员	0.6
化学技术人员	0.6
辅警	0.6
银行柜员	0.6
计算机程序员	0.6
地图制图与印刷工程技术人员	0.6
工业工程技术人员	0.6
收银员	0.6
包装设计师	0.5
餐饮服务主管	0.5
网上商家	0.5
招聘专职人员	0.5
医学和临床实验室技术人员	0.5
土木建筑工程技术人员	0.5
销售经理	0.5
电气工程技术人员	0.5
平面设计人员	0.5
车身修理技术人员	0.5
工程造价人员	0.5
运营经理	0.5
数据录入员	0.5
半导体加工人员	0.5
出纳员	0.5

资料来源：麦可思－中国2022届大学毕业生培养质量跟踪评价。

（四）主要职业的就业稳定性

职业转换： 职业转换是指毕业生在毕业半年后从事某种职业，毕业三年内由原职业转换到不同的职业。转换职业通常在工作单位内部完成的并不代表离职；同理，更换雇主可能也不代表转换职业。

职业转换率： 职业转换率反映有多大比例的毕业生在毕业三年内转换了职业。其计算方法为：分母是毕业半年后有工作的毕业生数，分子是毕业三年内从事的职业与半年后从事的职业不同的毕业生数。

2019届高职毕业生工作三年内有46%转换了职业，与2018届持平；"双高"院校、非"双高"院校2019届毕业生的职业转换率分别为45%、46%（见图3-6）。

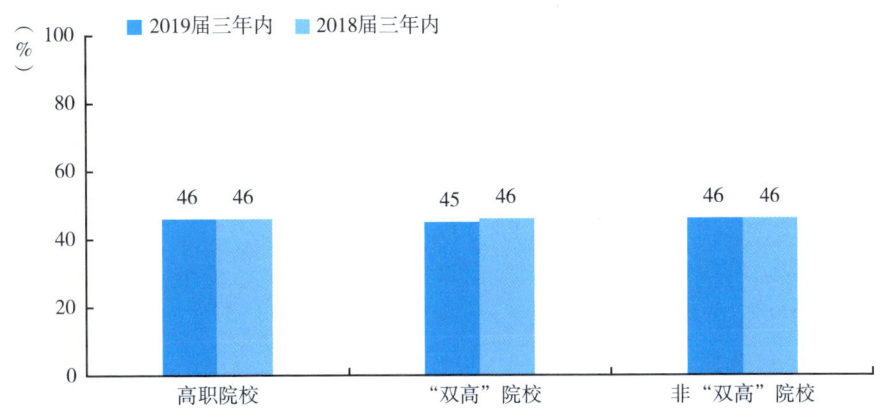

图3-6 2019届高职毕业生毕业三年内的职业转换率（与2018届三年内对比）

资料来源：麦可思-中国2018届、2019届大学毕业生三年后职业发展跟踪评价，2018届、2019届大学毕业生培养质量跟踪评价。

从各专业大类来看，旅游大类、文化艺术大类毕业生三年内的职业转换率持续较高（2019届分别为62%、58%），医药卫生大类毕业生三年内的职业转换率持续较低（2019届为32%）（见表3-8）。职业转换与岗位发展特点有关，旅游大类、文化艺术大类所面向的就业领域较广，加之多重超预期因素的影响，毕业生的岗位流动性较强；医药卫生大类毕业生主要从事医护类工作，岗位的专业门槛较高，稳定性较强。

表 3-8 2019 届高职各专业大类毕业生毕业三年内的职业转换率
（与 2018 届三年内对比）

单位：%

高职专业大类名称	2019届毕业生毕业三年内职业转换率	2018届毕业生毕业三年内职业转换率
旅游大类	62	60
文化艺术大类	58	56
装备制造大类	53	52
农林牧渔大类	51	48
食品药品与粮食大类	50	50
电子信息大类	49	51
财经商贸大类	48	48
土木建筑大类	48	47
资源环境与安全大类	48	47
生物与化工大类	41	41
交通运输大类	38	37
教育与体育大类	36	38
能源动力与材料大类	36	36
医药卫生大类	32	32
全国高职	46	46

注：个别专业大类因为样本较少，没有包括在内。
资料来源：麦可思－中国 2018 届、2019 届大学毕业生三年后职业发展跟踪评价，2018 届、2019 届大学毕业生培养质量跟踪评价。

三 用人单位流向分析

民营企业持续为吸纳高职毕业生就业的主体，其中的数字产业、装备制造业对毕业生吸纳水平稳步提升。近三年高职毕业生在各类单位就业的比例整体保持稳定，2022 届在民营企业 / 个体就业的比例（69%）最高，其后依次是国有企业（16%）、政府机构/科研或其他事业单位（10%）等（见图 3-7）。

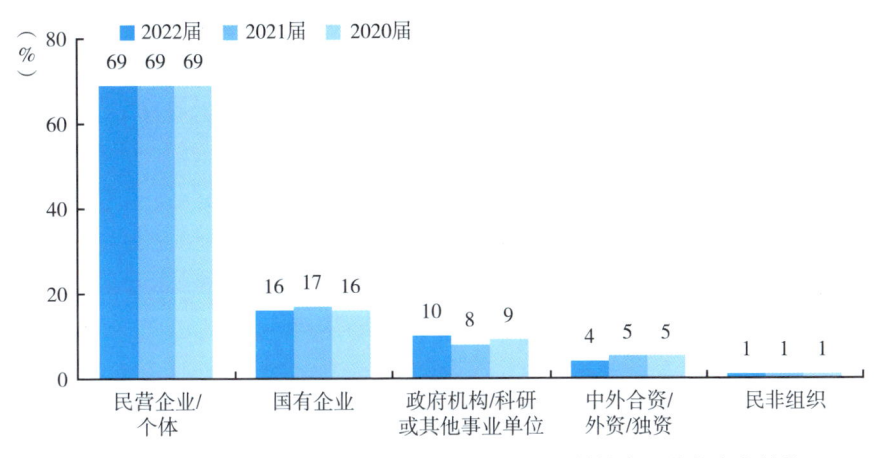

图 3-7　2020~2022 届高职毕业生就业的用人单位类型分布变化趋势

资料来源：麦可思 - 中国 2020~2022 届大学毕业生培养质量跟踪评价。

从各专业大类来看，新闻传播大类、文化艺术大类毕业生在民营企业就业更多；能源动力与材料大类、生物与化工大类、交通运输大类毕业生在国有企业就业的比例相对较高（见图 3-8）。

中小微企业是吸纳高职毕业生就业的主体。近三届高职毕业生在 300 人及以下规模企业就业的比例持续上升，2022 届达到 64%；其次是 3000 人以上规模的大型企业（16%）（见图 3-9）。"小而专""小而美""小而精"的企业是产业链供应链的重要环节，这类中小微企业的培育和发展是提升产业链供应链现代化水平的重要途径。当然相比大企业，中小微企业更容易受到各类外部环境变化的影响，对中小微企业的培育和扶持政策需要持续完善。

从各专业大类来看，教育与体育大类、新闻传播大类、文化艺术大类毕业生在 300 人及以下规模单位就业的比例更高，生物与化工大类、能源动力与材料大类在 3000 人以上规模单位就业的比例更高（见图 3-10）。

就业蓝皮书·高职

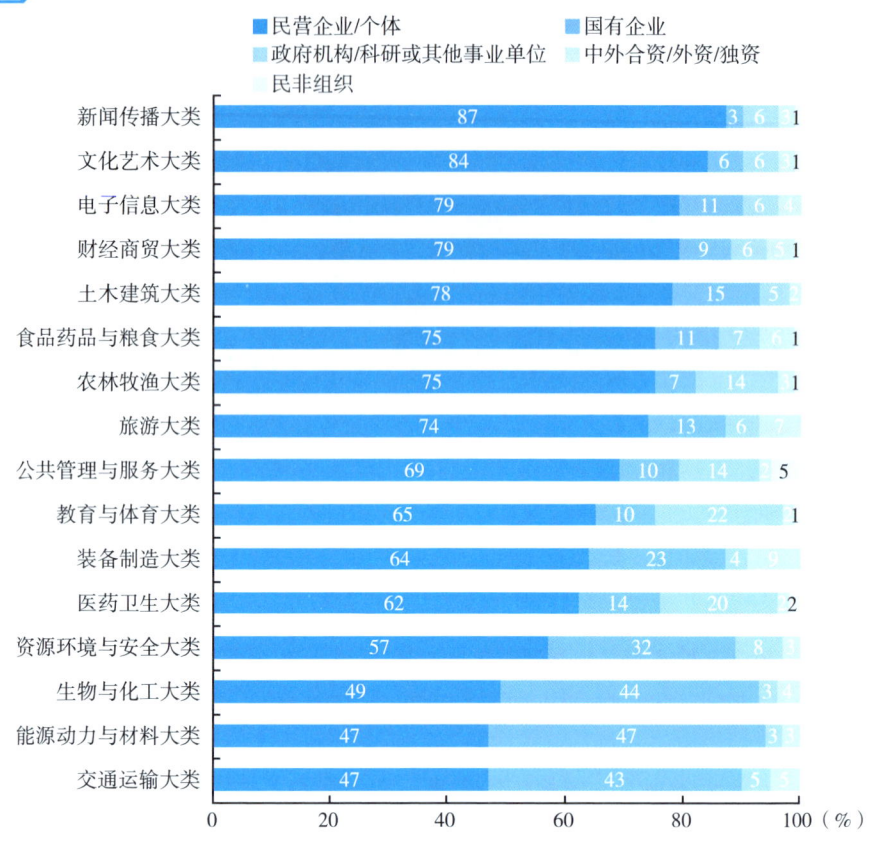

图 3-8　2022 届高职各专业大类毕业生就业的用人单位类型分布

图例：民营企业/个体、国有企业、政府机构/科研或其他事业单位、中外合资/外资/独资、民非组织

专业大类	民营企业/个体	国有企业	政府机构/科研或其他事业单位	中外合资/外资/独资	民非组织
新闻传播大类	87	3	6	3	1
文化艺术大类	84	6	6	3	1
电子信息大类	79	11	6	4	
财经商贸大类	79	9	6	5	1
土木建筑大类	78	15	5	2	
食品药品与粮食大类	75	11	7	6	1
农林牧渔大类	75	7	14		1
旅游大类	74	13		7	
公共管理与服务大类	69	10	14	5	
教育与体育大类	65	10	22		1
装备制造大类	64	23	4	9	
医药卫生大类	62	14	20	2	
资源环境与安全大类	57	32	8		
生物与化工大类	49	44	3	4	
能源动力与材料大类	47	47	3	3	
交通运输大类	47	43	5	5	

注：个别专业大类因为样本较少，没有包括在内。
资料来源：麦可思－中国 2022 届大学毕业生培养质量跟踪评价。

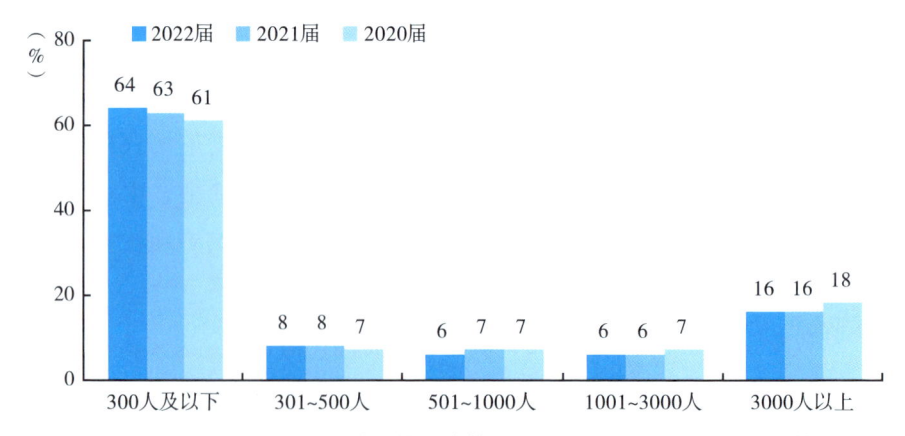

图 3-9　2020~2022 届高职毕业生就业的用人单位规模分布变化趋势

规模	2022届	2021届	2020届
300人及以下	64	63	61
301~500人	8	8	7
501~1000人	6	7	7
1001~3000人	6	6	7
3000人以上	16	16	18

资料来源：麦可思－中国 2020~2022 届大学毕业生培养质量跟踪评价。

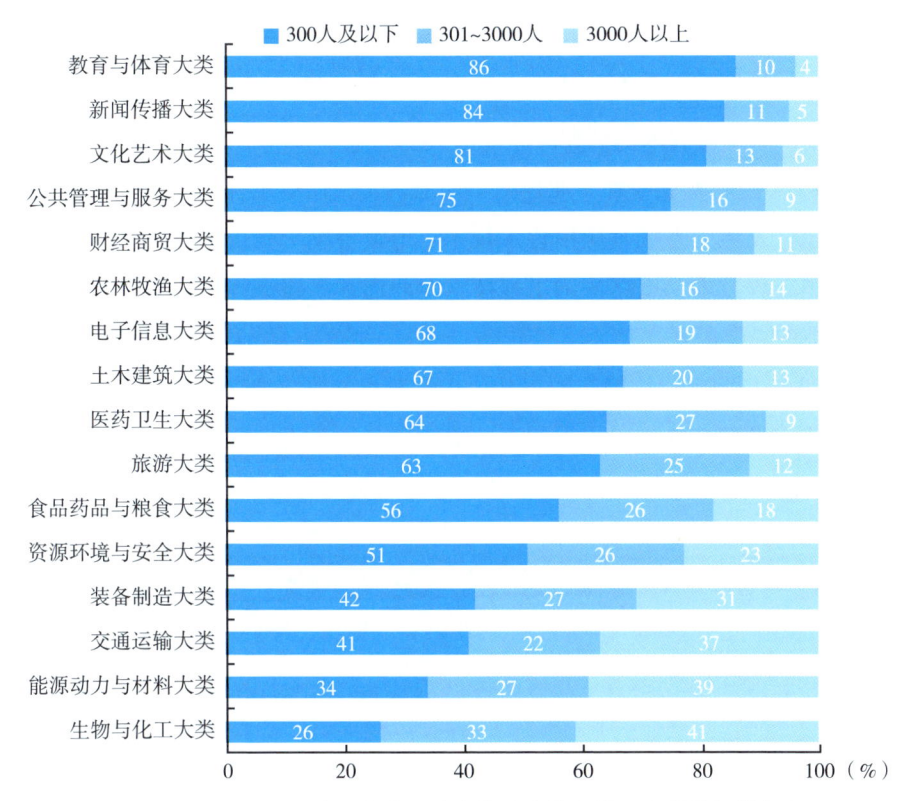

图 3-10 2022 届高职各专业大类毕业生就业的用人单位规模分布

注：个别专业大类因为样本较少，没有包括在内。
资料来源：麦可思－中国 2022 届大学毕业生培养质量跟踪评价。

四　专业预警分析

红牌专业指的是失业量较大，毕业去向落实率、薪资和就业满意度综合较低的专业。黄牌专业指的是除红牌专业外，失业量较大，毕业去向落实率、薪资和就业满意度综合较低的专业。绿牌专业指的是失业量较小，毕业去向落实率、薪资和就业满意度综合较高的专业，为需求增长型专业。红黄绿牌专业反映的是全国总体情况，各省（区、市）、各高校情况可能会有差别。另外需要特别说明的是，红黄绿牌专业是基于各专业连续多年应届毕业生就业

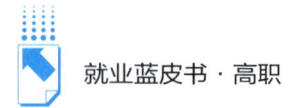

质量变化趋势综合判断的，部分近年来新增数量较多的专业（如网络营销与直播电商、智能网联汽车技术、人工智能技术应用）由于尚无成规模、成趋势的毕业生数据，暂未包括在内。

2023年高职就业绿牌专业包括：铁道机车、铁道工程技术、石油化工技术、发电厂及电力系统、应用化工技术、道路桥梁工程技术。其中，铁道机车、铁道工程技术、道路桥梁工程技术专业连续三届绿牌。行业需求是造就绿牌专业的主要因素。

2023年高职就业红牌专业包括：小学教育、数学教育、法律事务、英语教育、语文教育。其中，小学教育、法律事务、英语教育、语文教育专业连续三届红牌。这与相关专业毕业生供需矛盾有关（见表3-9）。

表3-9 2023年高职"红黄绿牌"专业

红牌专业	黄牌专业	绿牌专业
小学教育	财务管理	铁道机车
数学教育	文秘	铁道工程技术
法律事务	学前教育	石油化工技术
英语教育	审计	发电厂及电力系统
语文教育		应用化工技术
		道路桥梁工程技术

资料来源：麦可思－中国2020~2022届大学毕业生培养质量跟踪评价。

B.4
高职毕业生收入分析

摘　要： 应届高职毕业生薪资水平稳中有升，同时高等职业教育带来的经济回报随时间延长而不断显现，毕业三年后，毕业生的薪资达到了刚毕业时的1.6倍，毕业五年后达到了刚毕业时的2.1倍。从主要就业领域来看，运输业薪资继续保持领先，但其业务量受多重超预期因素影响较大，薪资增长放缓，领先优势缩小；伴随着现代化产业体系建设的加快，先进装备制造、绿色化工、冶金新材料、能源供应等领域不断发展，在上述领域就业的毕业生薪资增长较快；另外，随着数字技术的发展，新业态、新模式不断涌现，并催生了一批新职业，其中直播销售、工业机器人、工业互联网等相关职业的薪资优势较为明显。

关键词： 教育回报　薪资增长　行业薪资水平　新职业　高职生

一　总体收入分析

应届毕业生薪资稳中有升。从近五年的数据来看，应届高职毕业生月收入[①]整体呈现上升的趋势，2022届达到4595元，相比2018届增长11.7%（剔除通货膨胀影响后增长2.9%）（见图4-1）。从不同院校类型来看，近五年"双高"院校、非"双高"院校毕业生毕业半年后月收入均呈上升趋势，2022届分别达到4806元、4561元（见图4-2）。

[①] 月收入：指工资、奖金、业绩提成、现金福利补贴等所有的月度现金收入。

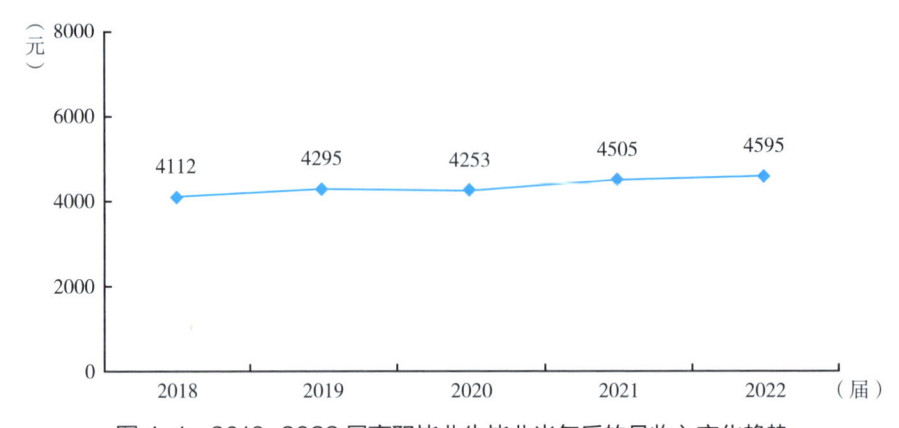

图 4-1　2018~2022 届高职毕业生毕业半年后的月收入变化趋势

资料来源：麦可思－中国 2018~2022 届大学毕业生培养质量跟踪评价。

图 4-2　2018~2022 届各类高职院校毕业生毕业半年后的月收入变化趋势

资料来源：麦可思－中国 2018~2022 届大学毕业生培养质量跟踪评价。

高等职业教育回报在毕业若干年后进一步显现。从毕业生工作三年后和工作五年后[①]的薪资水平来看，工作三年后的月收入达到6961元，与自身毕业时（4295元）相比涨幅达62%；工作五年的月收入进一步提升至8238元，

---

① 工作三年和工作五年月收入：分别指的是 2019 届大学生毕业三年后和 2017 届大学生毕业五年后的月收入。
三年后月收入涨幅=（毕业三年后的月收入－毕业半年后的月收入）/毕业半年后的月收入。
五年后月收入涨幅=（毕业五年后的月收入－毕业半年后的月收入）/毕业半年后的月收入。

与自身毕业时（3860元）相比涨幅达到113%。

从不同院校类型来看，"双高"院校和非"双高"院校毕业生工作三年后的月收入分别为7296元、6907元，与自身毕业时相比涨幅分别为64%、62%；工作五年后涨幅分别达到115%、113%（见图4-3、图4-4）。

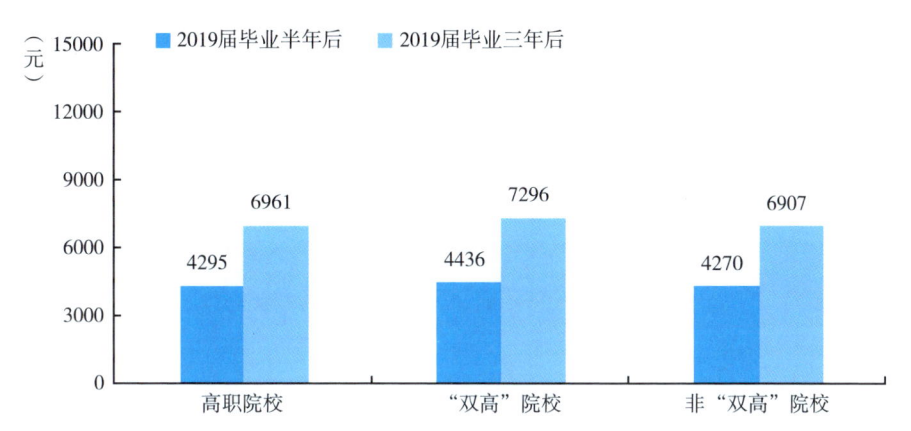

图4-3 2019届高职毕业生毕业三年后的月收入（与2019届毕业半年后对比）

资料来源：麦可思－中国2019届大学毕业生三年后职业发展跟踪评价，2019届大学毕业生培养质量跟踪评价。

图4-4 2017届高职毕业生毕业五年后的月收入（与2017届毕业半年后对比）

资料来源：麦可思－中国2017届大学毕业生五年后职业发展跟踪评价，2017届大学毕业生培养质量跟踪评价。

二 各专业收入分析

2022年交通运输领域受多重超预期因素影响,货运、客运总量相比上一年均有下降,这也影响了相关专业毕业生的月收入,交通运输大类专业月收入被装备制造、能源动力与材料、生物与化工大类反超。具体来看,2022届装备制造大类月收入(5256元)最高,其后是能源动力与材料大类、生物与化工大类、交通运输大类、电子信息大类(分别为5079元、5041元、4972元、4921元)。其中,生物与化工大类、装备制造大类月收入增长较为明显,相比2020届分别增长了12.4%、12.0%;交通运输大类月收入相比2021届有所下降(见表4-1)。

表4-1 2020~2022届高职各专业大类毕业生毕业半年后的月收入

单位:元

高职专业大类名称	2022届	2021届	2020届
装备制造大类	5256	5021	4691
能源动力与材料大类	5079	4836	4571
生物与化工大类	5041	4788	4484
交通运输大类	4972	5067	4938
电子信息大类	4921	4816	4585
资源环境与安全大类	4788	4578	4281
新闻传播大类	4718	4569	4381
土木建筑大类	4661	4504	4233
农林牧渔大类	4560	4533	4235
财经商贸大类	4559	4478	4199
食品药品与粮食大类	4527	4284	4069
文化艺术大类	4514	4386	4155
旅游大类	4410	4365	4121
公共管理与服务大类	4299	4088	4006
医药卫生大类	3870	3820	3687
教育与体育大类	3807	3889	3813
全国高职	4595	4505	4253

注:个别专业大类因为样本较少,没有包括在内。
资料来源:麦可思-中国2020~2022届大学毕业生培养质量跟踪评价。

从2019届毕业三年后的月收入来看，电子信息大类、交通运输大类、装备制造大类、土木建筑大类保持较高水平。其中，土木建筑大类增长幅度明显，毕业三年后月收入（7448元）排在第四，与自身毕业时相比涨幅（76%）高于其他专业大类（见表4-2）。

表4-2 2019届高职各专业大类毕业生毕业三年后的月收入与涨幅

单位：元，%

高职专业大类名称	毕业三年后的月收入	毕业半年后的月收入	月收入涨幅
电子信息大类	8020	4642	73
交通运输大类	7543	5043	50
装备制造大类	7470	4637	61
土木建筑大类	7448	4239	76
能源动力与材料大类	7253	4551	59
资源环境与安全大类	7184	4358	65
生物与化工大类	7095	4446	60
文化艺术大类	7083	4242	67
农林牧渔大类	6771	4154	63
财经商贸大类	6673	4170	60
医药卫生大类	6253	3803	64
食品药品与粮食大类	6229	4057	54
旅游大类	6202	4163	49
教育与体育大类	5782	3858	50
全国高职	6961	4295	62

注：个别专业大类因为样本较少，没有包括在内。
资料来源：麦可思-中国2019届大学毕业生三年后职业发展跟踪评价，2019届大学毕业生培养质量跟踪评价。

从主要专业类毕业生毕业半年后的月收入来看，装备制造大类下属的专业类整体表现较为突出，其中自动化类专业月收入增长明显，2022届（5339元）反超铁道运输类专业（5295元）排在第一位，相比2020届的增长率（18.0%）也高于其他专业类；机械设计制造类、机电设备类专业月收入均进入前五，分别达到5274元、5180元；另外船舶与海洋工程装备类、汽车制造

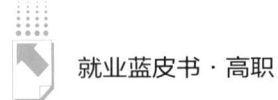

类专业月收入增长也较快，2022届分别达到5018元、4932元，相比2020届的增长率（分别为12.2%、12.3%）均超过12%。交通运输大类下属的专业类（航空运输类、水上运输类、铁道运输类）近三届月收入增长率普遍较低（见表4-3、表4-4、表4-5）。

表4-3 2020~2022届高职主要专业类毕业生毕业半年后的月收入

单位：元

高职专业类名称	2022届	2021届	2020届
自动化类	5339	4902	4525
铁道运输类	5295	5280	5149
机械设计制造类	5274	5069	4788
机电设备类	5180	5085	4753
化工技术类	5145	4907	4717
电子信息类	5097	4807	4587
航空运输类	5075	5173	4993
船舶与海洋工程装备类	5018	4686	4474
电力技术类	4959	4761	4535
汽车制造类	4932	4638	4391
城市轨道交通类	4888	4756	4555
市场营销类	4869	4833	4532
土建施工类	4851	4580	4248
通信类	4832	4902	4526
建筑设备类	4808	4565	4315
工商管理类	4801	4621	4327
计算机类	4789	4759	4770
电子商务类	4780	4733	4513
物流类	4767	4705	4450
经济贸易类	4749	4572	4290
道路运输类	4707	4722	4525
广播影视类	4703	4512	4288
环境保护类	4692	4590	4320
水上运输类	4684	4714	4603

高职毕业生收入分析

续表

高职专业类名称	2022届	2021届	2020届
市政工程类	4646	4493	4292
表演艺术类	4632	4664	4611
畜牧业类	4611	4537	4272
药品制造类	4556	4272	4097
测绘地理信息类	4543	4466	4392
建设工程管理类	4521	4426	4230
艺术设计类	4514	4363	4141
金融类	4504	4464	4238
食品工业类	4498	4259	3900
语言类	4479	4380	4353
旅游类	4413	4348	4062
林业类	4394	4376	4130
食品药品管理类	4376	4316	4193
餐饮类	4341	4385	4151
公共管理类	4340	4091	4016
农业类	4315	4169	3860
房地产类	4255	4167	3980
财务会计类	4227	4123	3853
公共事业类	4211	4028	3885
药学类	4142	4082	3817
建筑设计类	4122	4007	3846
医学技术类	4087	4097	4035
公共服务类	4060	3852	3758
护理类	3898	3854	3765
康复治疗类	3891	3974	3945
教育类	3515	3587	3450
临床医学类	3511	3515	3258
全国高职	4595	4505	4253

注：个别专业类因为样本较少，没有包括在内。
资料来源：麦可思－中国2020~2022届大学毕业生培养质量跟踪评价。

表 4-4　2022 届高职毕业生毕业半年后月收入增长最快的前十位专业类
（与 2020 届对比）

单位：%，元

高职专业类名称	增长率	2022届	2020届
自动化类	18.0	5339	4525
食品工业类	15.3	4498	3900
土建施工类	14.2	4851	4248
汽车制造类	12.3	4932	4391
船舶与海洋工程装备类	12.2	5018	4474
农业类	11.8	4315	3860
建筑设备类	11.4	4808	4315
药品制造类	11.2	4556	4097
电子信息类	11.1	5097	4587
工商管理类	11.0	4801	4327
全国高职	8.0	4595	4253

注：月收入的"增长率"=（2022 届毕业生的平均月收入 - 2020 届毕业生的平均月收入）/2020 届毕业生的平均月收入。月收入增长的幅度可能会受到基数的影响。毕业生规模过小的专业类不包括在此排序中。

资料来源：麦可思 - 中国 2020 届、2022 届大学毕业生培养质量跟踪评价。

表 4-5　2022 届高职毕业生毕业半年后月收入增长最慢的前十位专业类
（与 2020 届对比）

单位：%，元

高职专业类名称	增长率	2022届	2020届
康复治疗类	-1.4	3891	3945
计算机类	0.4	4789	4770
表演艺术类	0.5	4632	4611
医学技术类	1.3	4087	4035
航空运输类	1.6	5075	4993
水上运输类	1.8	4684	4603
教育类	1.9	3515	3450
铁道运输类	2.8	5295	5149
语言类	2.9	4479	4353
测绘地理信息类	3.4	4543	4392
全国高职	8.0	4595	4253

注：毕业生规模过小的专业类不包括在此排序中。

资料来源：麦可思 - 中国 2020 届、2022 届大学毕业生培养质量跟踪评价。

毕业三年后电子信息类、计算机类、铁道运输类专业月收入优势明显，建筑设计类、土建施工类专业月收入涨幅明显。从主要专业类毕业生毕业三年后的月收入来看，电子信息类、计算机类、铁道运输类月收入排前三位，月收入均在8000元以上。另外从薪资涨幅来看，建筑设计类专业毕业生毕业三年后月收入相比半年后涨幅（86%）最高，其次是土建施工类（79%）（见表4-6）。

表4-6 2019届高职主要专业类毕业生毕业三年后的月收入与涨幅

单位：元，%

高职专业类名称	毕业三年后的月收入	毕业半年后的月收入	月收入涨幅
电子信息类	8097	4657	74
计算机类	8076	4883	65
铁道运输类	8021	5109	57
市场营销类	7634	4613	65
土建施工类	7631	4256	79
自动化类	7598	4449	71
机械设计制造类	7510	4707	60
机电设备类	7413	4762	56
航空运输类	7355	5114	44
道路运输类	7336	4520	62
通信类	7332	4474	64
建筑设备类	7319	4276	71
测绘地理信息类	7315	4460	64
电力技术类	7217	4584	57
电子商务类	7198	4490	60
建设工程管理类	7193	4157	73
汽车制造类	7178	4406	63
化工技术类	7178	4673	54
艺术设计类	7099	4229	68
城市轨道交通类	7068	4494	57

续表

高职专业类名称	毕业三年后的月收入	毕业半年后的月收入	月收入涨幅
工商管理类	7064	4403	60
建筑设计类	7015	3764	86
畜牧业类	6978	4168	67
经济贸易类	6965	4224	65
金融类	6656	4277	56
物流类	6620	4381	51
药品制造类	6507	4004	63
医学技术类	6403	3978	61
语言类	6356	4419	44
护理类	6267	3918	60
旅游类	6160	4163	48
餐饮类	6128	4201	46
药学类	6047	3741	62
财务会计类	5955	3828	56
食品工业类	5910	3939	50
临床医学类	5665	3393	67
教育类	5161	3466	49
全国高职	6961	4295	62

注：个别专业类因为样本较少，没有包括在内。
资料来源：麦可思－中国2019届大学毕业生三年后职业发展跟踪评价，2019届大学毕业生培养质量跟踪评价。

2022年高职生毕业半年后月收入50强专业排行榜中，交通运输大类专业（铁道运输类专业）保持领先，装备制造大类专业数量最多（占了三成）；排在前五位的专业分别为铁道工程技术、铁道交通运营管理、铁道机车、动车组检修技术、机械制造与自动化（见表4-7）。

表 4-7 2022 届高职生毕业半年后月收入排前 50 位的主要专业

单位：元

高职专业名称	月收入
铁道工程技术	5781
铁道交通运营管理	5745
铁道机车	5654
动车组检修技术	5577
机械制造与自动化	5448
机电一体化技术	5360
电气自动化技术	5321
工业机器人技术	5307
焊接技术与自动化	5306
应用化工技术	5299
石油化工技术	5258
数控技术	5246
机电设备维修与管理	5240
发电厂及电力系统	5227
智能控制技术	5227
模具设计与制造	5225
铁道供电技术	5203
城市轨道交通工程技术	5196
民航运输	5190
电子信息工程技术	5186
空中乘务	5181
工业过程自动化技术	5151
机械设计与制造	5144
社会体育	5124
软件技术	5119
物联网应用技术	5110

续表

高职专业名称	月收入
云计算技术与应用	5101
数控设备应用与维护	5084
移动应用开发	5051
新能源汽车技术	5046
信息安全与管理	5044
工业设计	5008
城市轨道交通机电技术	5001
城市轨道交通车辆技术	4998
电力系统自动化技术	4976
汽车营销与服务	4973
道路桥梁工程技术	4969
轮机工程技术	4944
应用电子技术	4937
通信技术	4922
国际商务	4891
汽车制造与装配技术	4886
建筑智能化工程技术	4885
市场营销	4868
畜牧兽医	4867
工商企业管理	4864
建筑工程技术	4851
国际经济与贸易	4819
大数据技术与应用	4815
移动互联应用技术	4797
全国高职	4595

注：毕业生规模过小的专业不包括在此排序中。
资料来源：麦可思－中国2022届大学毕业生培养质量跟踪评价。

三 就业地收入分析

不同就业区域的薪资水平差异明显。东部地区整体经济水平较高，在产业结构调整与优化升级中处于领跑地位，应届高职毕业生在东部地区的月收入优势较为明显，2022届月收入达到4949元。从2019届毕业生毕业三年后在各区域就业的月收入来看，东部地区依然保持领先，月收入达到7535元；与毕业时相比，西部地区月收入涨幅较大，达到66%（见表4-8、表4-10）。

表4-8　2020~2022届高职毕业生毕业半年后在各区域就业的月收入变化趋势

单位：元

各区域	2022届	2021届	2020届
东部地区	4949	4894	4627
西部地区	4280	4268	3971
中部地区	4174	4071	3852
东北地区	4218	4011	3751
全国高职	4595	4505	4253

资料来源：麦可思－中国2020~2022届大学毕业生培养质量跟踪评价。

另外从三大经济区域来看，在长三角地区就业的毕业生毕业半年后、三年后月收入均保持领先（见表4-9、表4-11）。

表4-9　2020~2022届高职毕业生毕业半年后在三大经济区域就业的月收入变化趋势

单位：元

三大经济区域	2022届	2021届	2020届
长三角地区	5112	5064	4828
珠三角地区	4846	4748	4503
京津冀地区	4774	4721	4473
全国高职	4595	4505	4253

资料来源：麦可思－中国2020~2022届大学毕业生培养质量跟踪评价。

表 4-10 2019 届高职毕业生毕业三年后在各区域就业的月收入与涨幅

单位：元，%

各区域	毕业三年后的月收入	毕业半年后的月收入	月收入涨幅
东部地区	7535	4635	63
西部地区	6563	3957	66
中部地区	6301	3919	61
东北地区	6081	3729	63
全国高职	6961	4295	62

资料来源：麦可思-中国2019届大学毕业生三年后职业发展跟踪评价，2019届大学毕业生培养质量跟踪评价。

表 4-11 2019 届高职毕业生毕业三年后在三大经济区域就业的月收入与涨幅

单位：元，%

三大经济区域	毕业三年后的月收入	毕业半年后的月收入	月收入涨幅
长三角地区	7773	4836	61
珠三角地区	7444	4535	64
京津冀地区	7054	4491	57
全国高职	6961	4295	62

资料来源：麦可思-中国2019届大学毕业生三年后职业发展跟踪评价，2019届大学毕业生培养质量跟踪评价。

新一线城市的特色优势产业不断发展，特别是数字经济相关领域对毕业生的吸引力和吸纳水平提升，发展潜力进一步释放。从近五年应届高职毕业生在一线城市、新一线城市就业的月收入来看，2022届一线城市月收入为5795元，新一线城市月收入为4937元，相比2018届分别增长了13%、17%（见图4-5）。

另外，从2019届毕业三年后的月收入来看，一线城市、新一线城市的月收入分别达到8995元、7281元（见图4-6），均高于全国高职平均水平（6961元）。新一线城市不断培育和发展自身的特色优势产业，对人才的吸引力不断增强，薪资水平也将进一步提升。

图 4-5 2018~2022 届高职生毕业半年后在一线、新一线城市就业的月收入变化趋势

资料来源：麦可思 - 中国 2018~2022 届大学毕业生培养质量跟踪评价。

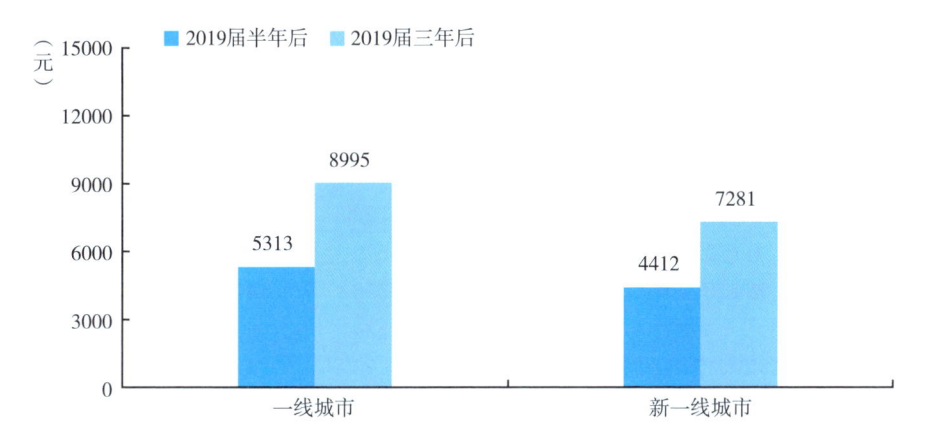

图 4-6 2019 届高职生毕业三年后在一线、新一线城市就业的月收入

资料来源：麦可思 - 中国 2019 届大学毕业生三年后职业发展跟踪评价，2019 届大学毕业生培养质量跟踪评价。

四 行业、职业收入分析

运输业月收入持续排在第一，2022 届达到 5524 元，相比往年增速放缓，领先优势缩小；装备制造、化工、冶金、能源等领域月收入增长较快，其中电子电气设备制造业（含计算机、通信、家电等）2022 届月收入达到 5294 元，仅次于运输业排在第二位（见表 4-12）。

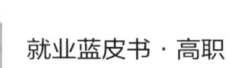

表 4-12 2020~2022 届高职毕业生毕业半年后在主要行业类的月收入

单位：元

高职行业类名称	2022届	2021届	2020届
运输业	5524	5520	5408
电子电气设备制造业（含计算机、通信、家电等）	5294	4982	4707
化学品、化工、塑胶制造业	5191	4807	4472
机械设备制造业	5176	4912	4567
交通运输设备制造业	5169	4811	4587
初级金属制造业	5091	4860	4502
电力、热力、燃气及水生产和供应业	5087	4807	4530
信息传输、软件和信息技术服务业	5014	5023	4818
邮递、物流及仓储业	4957	4775	4535
采矿业	4947	4587	4298
金融业	4834	4731	4583
其他制造业	4812	4663	4478
文化、体育和娱乐业	4810	4651	4444
批发业	4718	4554	4396
农、林、牧、渔业	4692	4497	4219
纺织、服装、皮革制造业	4592	4432	4151
医药及设备制造业	4579	4495	4376
房地产开发及租赁业	4556	4449	4391
零售业	4524	4524	4315
玻璃黏土、石灰水泥制品业	4496	4319	4047
家具制造业	4488	4468	4336
建筑业	4421	4360	4049
食品、烟草、加工业	4406	4332	4151
各类专业设计与咨询服务业	4378	4241	3995
行政、商业和环境保护辅助业	4335	4331	4073
住宿和餐饮业	4305	4238	3966
居民服务、修理和其他服务业	4275	4267	3987
政府及公共管理	3975	3861	3726
医疗和社会护理服务业	3812	3768	3579
教育业	3621	3690	3669
全国高职	4595	4505	4253

注：个别行业类因为样本较少，没有包括在内。

资料来源：麦可思－中国 2020~2022 届大学毕业生培养质量跟踪评价。

高职毕业生收入分析

从月收入增长最快和最慢的五大行业类来看，化工、采矿等工业领域月收入增长明显，与2020届相比月收入增长率分别为16.1%、15.1%；教育业月收入出现负增长，2022届与2020届相比下降了1.3%（见表4-13、表4-14）。

表4-13　2022届高职生毕业半年后月收入增长最快的前五位行业类（与2020届对比）

单位：%，元

高职行业类名称	增长率	2022届	2020届
化学品、化工、塑胶制造业	16.1	5191	4472
采矿业	15.1	4947	4298
机械设备制造业	13.3	5176	4567
初级金属制造业	13.1	5091	4502
交通运输设备制造业	12.7	5169	4587
全国高职	8.0	4595	4253

注：毕业生规模过小的行业类不包括在此排序中。
资料来源：麦可思－中国2020届、2022届大学毕业生培养质量跟踪评价。

表4-14　2022届高职生毕业半年后月收入增长最慢的前五位行业类（与2020届对比）

单位：%，元

高职行业类名称	增长率	2022届	2020届
教育业	-1.3	3621	3669
运输业	2.1	5524	5408
家具制造业	3.5	4488	4336
房地产开发及租赁业	3.8	4556	4391
信息传输、软件和信息技术服务业	4.1	5014	4818
全国高职	8.0	4595	4253

注：毕业生规模过小的行业类不包括在此排序中。
资料来源：麦可思－中国2020届、2022届大学毕业生培养质量跟踪评价。

从2019届毕业三年后的月收入来看，排在前三位的依次是"信息传输、软件和信息技术服务业""金融业""文化、体育和娱乐业"，月收入分别为8696元、

7726元、7690元。从月收入涨幅来看,"建筑业""信息传输、软件和信息技术服务业"与毕业半年后月收入相比涨幅较大,涨幅分别为79%、74%(见表4-15)。

表4-15 2019届高职生毕业三年后在主要行业类的月收入与涨幅

单位:元,%

高职行业类名称	毕业三年后的月收入	毕业半年后的月收入	月收入涨幅
信息传输、软件和信息技术服务业	8696	4996	74
金融业	7726	4601	68
文化、体育和娱乐业	7690	4551	69
运输业	7675	5458	41
交通运输设备制造业	7545	4565	65
电子电气设备制造业(含计算机、通信、家电等)	7527	4710	60
零售业	7255	4336	67
医药及设备制造业	7244	4359	66
建筑业	7232	4039	79
批发业	7159	4364	64
其他制造业	6949	4424	57
机械设备制造业	6921	4488	54
邮递、物流及仓储业	6920	4451	55
各类专业设计与咨询服务业	6911	4068	70
农、林、牧、渔业	6897	4140	67
房地产开发及租赁业	6874	4427	55
电力、热力、燃气及水生产和供应业	6768	4587	48
家具制造业	6707	4313	56
采矿业	6640	4204	58
化学品、化工、塑胶制造业	6566	4392	49
初级金属制造业	6556	4472	47
住宿和餐饮业	6475	3997	62
纺织、服装、皮革制造业	6435	4099	57
食品、烟草、加工业	6302	4108	53
医疗和社会护理服务业	6151	3718	65
居民服务、修理和其他服务业	6003	4034	49
行政、商业和环境保护辅助业	5943	4056	47

续表

高职行业类名称	毕业三年后的月收入	毕业半年后的月收入	月收入涨幅
教育业	5659	3683	54
政府及公共管理	5344	3796	41
全国高职	6961	4295	62

注：个别行业类因为样本较少，没有包括在内。
资料来源：麦可思－中国2019届大学毕业生三年后职业发展跟踪评价，2019届大学毕业生培养质量跟踪评价。

月收入排名前十的行业中，铁路运输、航空运输领域保持领先，其中航空运输领域受外部环境影响较大，月收入较往年有所下降，与其他领域相比优势缩小。具体来看，2022届铁路运输业薪资水平（6198元）反超航空运输服务业位列第一，航空运输服务业（5890元）位列第二；装备制造领域薪资水平也较高，其中铁路机车制造业较为突出，薪资水平位列第三；另外，数字经济核心产业的薪资也具有较强竞争力，软件开发业、半导体和其他电子元件制造业、计算机及外围设备制造业薪资分列第四、第六、第十位（见图4-7）。

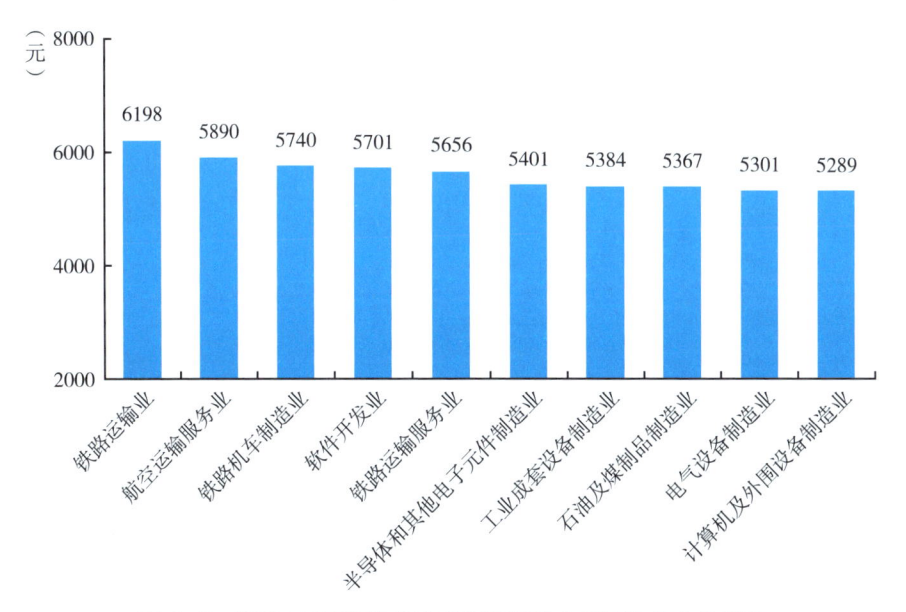

行业	月收入（元）
铁路运输业	6198
航空运输服务业	5890
铁路机车制造业	5740
软件开发业	5701
铁路运输服务业	5656
半导体和其他电子元件制造业	5401
工业成套设备制造业	5384
石油及煤制品制造业	5367
电气设备制造业	5301
计算机及外围设备制造业	5289

图4-7　2022届高职生毕业半年后月收入最高的前十位行业

注：毕业生规模过小的行业不包括在此排序中。
资料来源：麦可思－中国2022届大学毕业生培养质量跟踪评价。

航空机械/电子类职业月收入最高，生物/化工类职业月收入增长最快。从2022届高职生毕业半年后从事的主要职业类月收入来看，航空机械/电子类职业月收入（5634元）位列第一；另外，生物/化工类职业月收入增长最快，2022届比2020届增长了15.9%；幼儿与学前教育、美容/健身、中小学教育类职业受超预期因素或政策调控的影响，月收入呈现负增长，2022届比2020届分别下降了2.6%、1.6%、1.2%（见表4-16、表4-17、表4-18）。

表4-16 2020~2022届高职生毕业半年后从事的主要职业类的月收入

单位：元

高职职业类名称	2022届	2021届	2020届
航空机械/电子	5634	5420	5206
电气/电子（不包括计算机）	5466	5043	4749
矿山/石油	5424	5064	4752
经营管理	5415	5259	5136
交通运输/邮电	5358	5382	5247
互联网开发及应用	5223	5062	4894
计算机与数据处理	5222	5082	4873
生产/运营	5184	4943	4550
生物/化工	5179	4820	4469
机械/仪器仪表	5118	4873	4522
表演艺术/影视	5088	5019	4732
电力/能源	5065	4742	4470
物流/采购	4986	4716	4509
工业安全与质量	4870	4586	4407
媒体/出版	4816	4716	4379
金融（银行/基金/证券/期货/理财）	4713	4686	4560

续表

高职职业类名称	2022届	2021届	2020届
房地产经营	4704	4797	4708
测绘	4688	4505	4208
机动车机械/电子	4672	4462	4204
保险	4632	4635	4391
农/林/牧/渔类	4608	4526	4203
美容/健身	4598	4729	4675
文化/体育	4592	4460	4166
建筑工程	4576	4479	4213
销售	4558	4596	4376
服装/纺织/皮革	4553	4469	4156
环境保护	4429	4307	4078
人力资源	4384	4288	4175
美术/设计/创意	4379	4180	3993
餐饮/娱乐	4325	4352	4043
职业培训/其他教育	4245	4409	4284
行政/后勤	4177	4091	3872
公安/检察/法院/经济执法	4109	4086	3957
酒店/旅游/会展	4033	4037	3966
财务/审计/税务/统计	3995	3888	3793
社区工作者	3860	3869	3769
医疗保健/紧急救助	3807	3744	3554
中小学教育	3599	3765	3644
幼儿与学前教育	3209	3384	3293
全国高职	4595	4505	4253

注：个别职业类因为样本较少，没有包括在内。
资料来源：麦可思-中国2020~2022届大学毕业生培养质量跟踪评价。

表 4-17　2022 届高职生毕业半年后月收入增长最快的前十位职业类
（与 2020 届对比）

单位：%，元

高职职业类名称	增长率	2022届	2020届
生物/化工	15.9	5179	4469
电气/电子（不包括计算机）	15.1	5466	4749
矿山/石油	14.1	5424	4752
生产/运营	13.9	5184	4550
电力/能源	13.3	5065	4470
机械/仪器仪表	13.2	5118	4522
测绘	11.4	4688	4208
机动车机械/电子	11.1	4672	4204
物流/采购	10.6	4986	4509
工业安全与质量	10.5	4870	4407
全国高职	8.0	4595	4253

注：毕业生规模过小的职业类不包括在此排序中。
资料来源：麦可思－中国 2020 届、2022 届大学毕业生培养质量跟踪评价。

表 4-18　2022 届高职生毕业半年后月收入增长最慢的前十位职业类
（与 2020 届对比）

单位：%，元

高职职业类名称	增长率	2022届	2020届
幼儿与学前教育	-2.6	3209	3293
美容/健身	-1.6	4598	4675
中小学教育	-1.2	3599	3644
职业培训/其他教育	-0.9	4245	4284
房地产经营	-0.1	4704	4708
酒店/旅游/会展	1.7	4033	3966
交通运输/邮电	2.1	5358	5247
社区工作者	2.4	3860	3769
金融（银行/基金/证券/期货/理财）	3.4	4713	4560
公安/检察/法院/经济执法	3.8	4109	3957
全国高职	8.0	4595	4253

注：毕业生规模过小的职业类不包括在此排序中。
资料来源：麦可思－中国 2020 届、2022 届大学毕业生培养质量跟踪评价。

高职毕业生收入分析

从 2019 届高职生毕业三年后从事的主要职业类月收入来看，排在前三位的分别是互联网开发及应用、经营管理、计算机与数据处理，三年后月收入均超过 8700 元。从薪资涨幅来看，互联网开发及应用类职业毕业三年后薪资涨幅（85%）最大（见表 4-19）。

表 4-19 2019 届高职生毕业三年后从事的主要职业类的月收入与涨幅

单位：元，%

高职职业类名称	毕业三年后的月收入	毕业半年后的月收入	月收入涨幅
互联网开发及应用	9186	4969	85
经营管理	8866	5186	71
计算机与数据处理	8785	4974	77
销售	7875	4493	75
房地产经营	7818	4861	61
金融（银行/基金/证券/期货/理财）	7692	4666	65
电气/电子（不包括计算机）	7445	4680	59
美术/设计/创意	7387	4143	78
建筑工程	7330	4144	77
媒体/出版	7300	4443	64
生产/运营	7239	4621	57
表演艺术/影视	7147	4814	48
机械/仪器仪表	7146	4445	61
交通运输/邮电	7136	5205	37
电力/能源	7065	4431	59
测绘	7062	4171	69
生物/化工	7009	4403	59
农/林/牧/渔类	6841	4112	66
机动车机械/电子	6722	4155	62
工业安全与质量	6674	4433	51
环境保护	6554	4032	63
物流/采购	6552	4432	48
保险	6460	4487	44
餐饮/娱乐	6435	4150	55

续表

高职职业类名称	毕业三年后的月收入	毕业半年后的月收入	月收入涨幅
职业培训/其他教育	6421	4429	45
人力资源	6324	4175	51
医疗保健/紧急救助	6306	3709	70
财务/审计/税务/统计	5906	3770	57
酒店/旅游/会展	5828	3985	46
公安/检察/法院/经济执法	5658	3893	45
行政/后勤	5178	3835	35
中小学教育	5082	3761	35
幼儿与学前教育	4931	3415	44
社区工作者	4822	3758	28
全国高职	6961	4295	62

注：个别职业类因为样本较少，没有包括在内。

资料来源：麦可思－中国2019届大学毕业生三年后职业发展跟踪评价，2019届大学毕业生培养质量跟踪评价。

信息技术、铁道运输相关岗位月收入排名靠前，其中互联网开发人员的月收入最高，2022届为6018元。另外，部分新兴职业从业人员收入优势也较为明显，包括直播销售人员（5723元）、工业机器人系统操作人员（5698元）、工业互联网工程技术人员（5682元）等（见表4-20）。

表4-20　2022届高职生毕业半年后月收入最高的前50位职业

单位：元

职业名称	毕业半年后的月收入
互联网开发人员	6018
铁路闸、铁路信号和转辙器操作人员	5840
列车司机	5816
铁轨铺设及维护设备操作人员	5745
直播销售人员	5723
工业机器人系统操作人员	5698

续表

职业名称	毕业半年后的月收入
计算机程序员	5690
工业互联网工程技术人员	5682
计算机软件应用工程技术人员	5658
软件质量保证和测试工程技术人员	5632
工业工程技术人员	5501
市场经理	5450
销售经理	5446
运营经理	5421
信息安全分析人员	5418
化工厂系统操作人员	5412
生产经营一线主管	5396
电气工程技术人员	5370
电子工程技术人员	5291
电气和电子运输设备安装和修理技术人员	5254
计算机技术支持人员	5238
机械技术人员	5236
机械工程技术人员	5232
健身教练和健身操指导员	5220
半导体加工人员	5210
工业机械技术人员	5182
计算机网络管理人员	5169
机电技术人员	5164
化学设备操作和管理人员	5122
交通技术人员	5121
汽车零部件技术人员	5118
仓储主管	5116
采矿工程技术人员	5111
加工金属或塑料的数控机床操作维护人员	5093
电气技术人员	5080
航空维护与操作技术人员	5078

续表

职业名称	毕业半年后的月收入
活动执行	5061
销售代表（批发和制造业，不包括科技类产品）	5061
电厂操作人员	5061
新媒体策划、编辑、运营人员	5059
网上商家	5053
行政经理	5050
电子和电气设备装配技术人员	5047
物业经理	5042
养殖家禽和家畜的农业技术人员	5041
银行信贷员	5032
网站管理和维护人员	5013
销售代表（机械设备和零件）	5000
机械装配技术人员	4975
体育教练	4965
全国高职	4595

注：毕业生规模过小的职业不包括在此排序中。
资料来源：麦可思－中国2022届大学毕业生培养质量跟踪评价。

五 用人单位收入分析

国有企业、三资企业初始薪资水平较高；毕业三年后，民营企业/个体薪资涨幅最大。具体来看，2022届国有企业、中外合资/外资/独资企业初始薪资分别为5176元、5155元，相比2020届分别增长8.7%、10.9%（见图4-8）。

毕业三年后，中外合资/外资/独资企业月收入（7513元）最高；民营企业/个体薪资涨幅（70%）最大（见图4-9）。民企是吸纳毕业生就业的主体，其月收入高增长的特点在毕业三年后得到了较为充分的体现。

高职毕业生收入分析

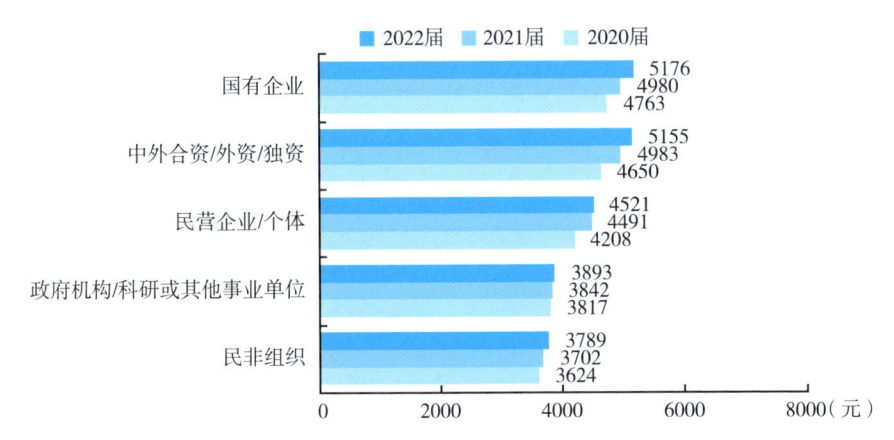

图 4-8 2020~2022届高职生毕业半年后在各类型用人单位的月收入

资料来源：麦可思 - 中国 2020~2022 届大学毕业生培养质量跟踪评价。

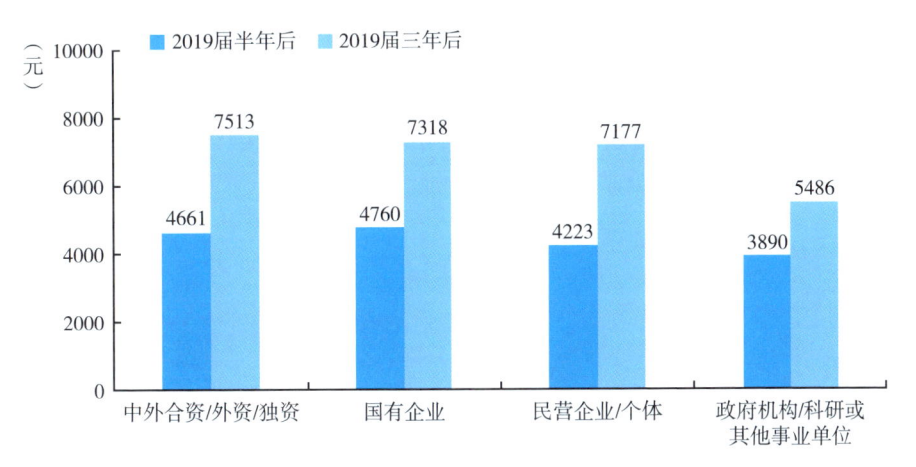

图 4-9 2019届高职生毕业三年后在各类型用人单位的月收入

注：民非组织因为样本较少，没有包括在内。

资料来源：麦可思 - 中国 2019 届大学毕业生三年后职业发展跟踪评价，2019 届大学毕业生培养质量跟踪评价。

规模越大的企业初始薪资水平越高；毕业三年后小企业薪资涨幅更为明显。具体来看，毕业半年后 3000 人以上规模用人单位的薪资水平最高，2022届达到 5567 元；50 人及以下规模用人单位的薪资水平最低，2022 届为 4074 元（见图 4-10）。毕业三年后，50 人及以下规模用人单位的薪资涨幅（66%）

071

最大（见图4-11）。伴随着专精特新"小巨人"企业和单项冠军企业的不断培育，毕业生在中小微企业将拥有更加广阔的发展空间。

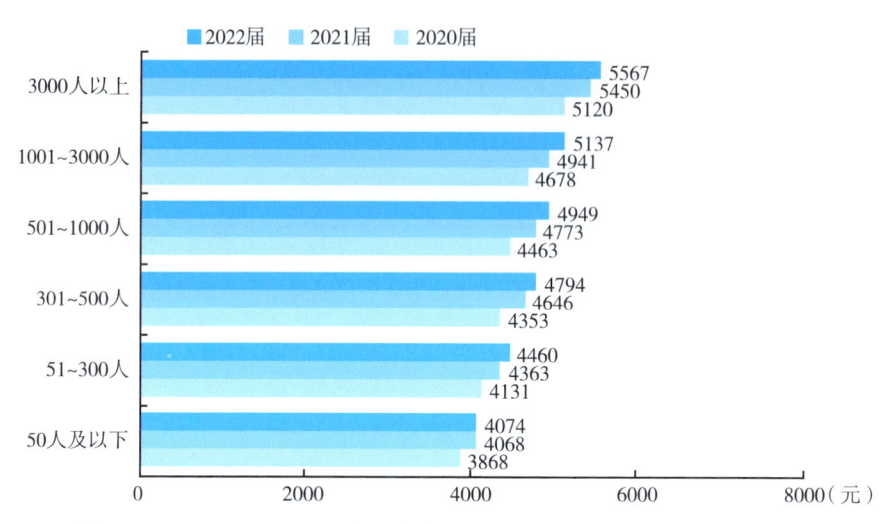

图4-10 2020~2022届高职生毕业半年后在各规模用人单位的月收入

资料来源：麦可思-中国2020~2022届大学毕业生培养质量跟踪评价。

图4-11 2019届高职生毕业三年后在各规模用人单位的月收入

资料来源：麦可思-中国2019届大学毕业生三年后职业发展跟踪评价，2019届大学毕业生培养质量跟踪评价。

B.5
高职毕业生就业满意度分析

摘　要： 就业满意度是毕业生对工作内容、环境氛围、薪酬福利、职业发展空间等方面的直观评价和情感体验，是评估就业质量的重要指标。近年来，应届高职毕业生的就业满意度逐年上升，国家和地方一系列就业优先政策的落实以及各高校线上、线下就业指导服务模式的完善，为毕业生就业提供了重要支持。随着工作经验积累和薪资增长，毕业生的就业满意度显著提升。其中，交通运输领域（特别是铁道运输）的就业满意度较高，与之相对应的铁道运输类专业的就业满意度普遍靠前；此外，政府及公共管理机构、涉农领域、新媒体文娱领域以及部分制造业（化工、医药等）的就业满意度也较高；相较而言，建筑、建材、采矿、冶金以及生活服务领域的就业满意度相对较低。

关键词： 就业满意度　就业指导　薪资福利　工作环境　高职生

一　总体就业满意度

应届高职毕业生的就业满意度[①]上升较为明显，2022届达到75%（见图5-1）。近年来各级主管部门、各高校将毕业生就业工作摆在更加突出的位置，不断落实落细各项就业优先政策，大力拓展市场化社会化就业渠道，并不断

---

① **就业满意度：** 由就业的毕业生对自己目前的就业现状进行主观判断，选项有"很满意""满意""不满意""很不满意""无法评估"五项。其中，选择"满意"和"很满意"的人属于对就业现状满意，选择"不满意"和"很不满意"的人属于对就业现状不满意。

完善线上、线下相结合的就业指导服务模式，为毕业生就业提供了有力支撑。高职毕业生对学校就业指导服务的满意度逐年上升，对自身就业的满意度也进一步提升。

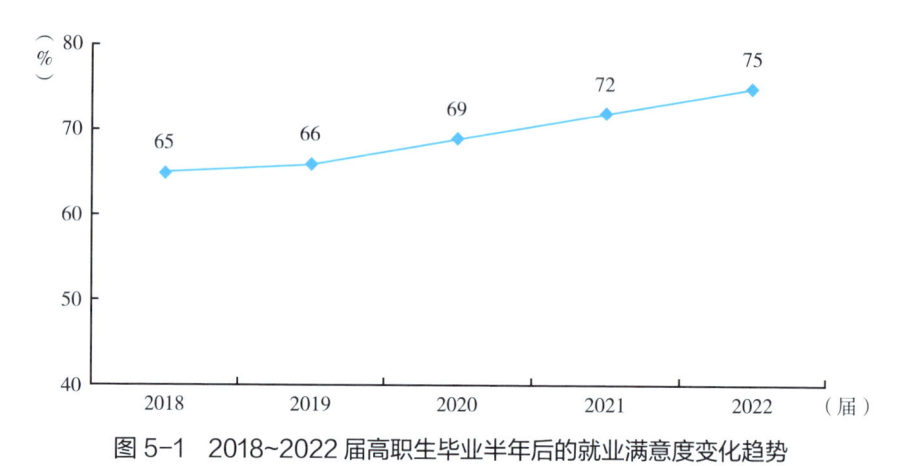

图 5-1　2018~2022 届高职生毕业半年后的就业满意度变化趋势

资料来源：麦可思－中国 2018~2022 届大学毕业生培养质量跟踪评价。

从不同院校类型来看，"双高"院校、非"双高"院校毕业生的就业满意度均呈上升趋势，2022 届分别达到 77%、75%（见图 5-2）。

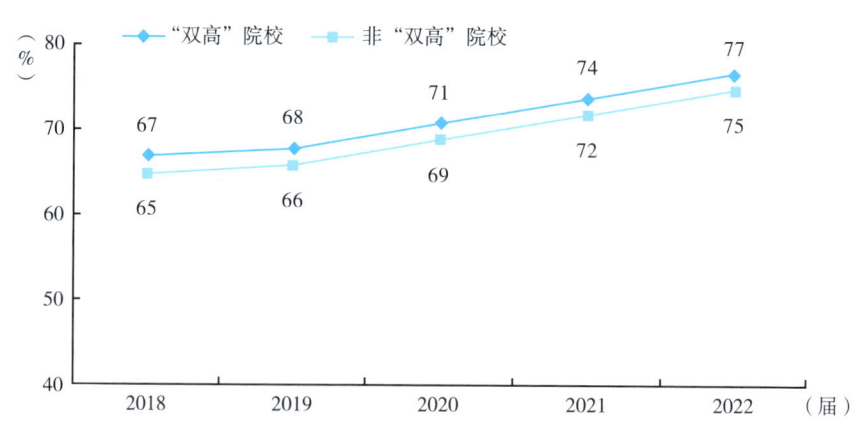

图 5-2　2018~2022 届各类高职院校毕业生毕业半年后的就业满意度变化趋势

资料来源：麦可思－中国 2018~2022 届大学毕业生培养质量跟踪评价。

毕业生就业满意度随着工作时间延长而进一步提升。具体来看，2019届高职毕业生在毕业半年后的满意度为66%，毕业三年后上升了5个百分点，达到71%。从不同院校类型来看，"双高"院校毕业生毕业三年后的就业满意度（74%）相对较高，比半年后（68%）高了6个百分点；非"双高"院校毕业生毕业三年后的就业满意度为70%，比半年后（66%）高了4个百分点（见图5-3）。

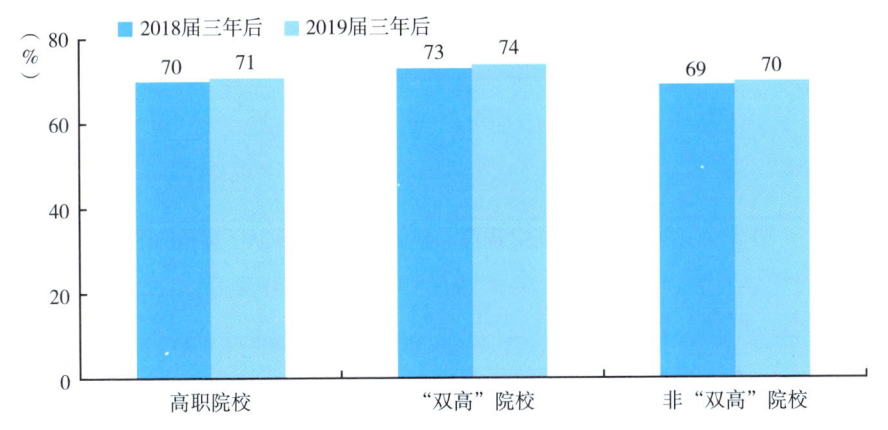

图5-3　2018届、2019届高职生毕业三年后的就业满意度

资料来源：麦可思-中国2018届、2019届大学毕业生三年后职业发展跟踪评价。

近两届毕业生因收入低而对就业现状不满意的比例持续较高。具体来看，2022届对就业不满意的高职毕业生中，有74%是因为收入低，与2021届持平；有46%是因为发展空间不够，略低于2021届（48%）（见图5-4）。

二　各专业就业满意度

2022届各专业大类的就业满意度普遍有所提升。具体来看，生物与化工大类就业满意度位列第一，且近三届呈现持续上升的趋势，2022届达到79%；农林牧渔大类、能源动力与材料大类就业满意度并列第二，均为78%（见表5-1）。毕业三年后，教育与体育大类就业满意度居首位，达到76%（见表5-2）。

就业蓝皮书·高职

图 5-4　2021 届、2022 届高职毕业生对就业现状不满意的原因

原因	2022届	2021届
收入低	74	74
发展空间不够	46	48
加班太多	24	24
工作能力不够造成压力大	23	24
工作氛围不好	21	20
工作环境条件不好	21	20
工作不被领导认可	7	7

资料来源：麦可思－中国 2021 届、2022 届大学毕业生培养质量跟踪评价。

表 5-1　2020~2022 届高职各专业大类毕业生毕业半年后的就业满意度

单位：%

高职专业大类名称	2022届	2021届	2020届
生物与化工大类	79	75	71
农林牧渔大类	78	74	73
能源动力与材料大类	78	73	70
旅游大类	77	73	69
交通运输大类	76	74	71
财经商贸大类	76	72	69
装备制造大类	75	72	69
资源环境与安全大类	74	70	67
土木建筑大类	74	72	69
食品药品与粮食大类	74	73	70
电子信息大类	74	71	67
文化艺术大类	74	72	69

高职毕业生就业满意度分析

续表

高职专业大类名称	2022届	2021届	2020届
新闻传播大类	73	71	70
教育与体育大类	73	72	70
公共管理与服务大类	73	70	67
医药卫生大类	71	68	67
全国高职	75	72	69

注：个别专业大类因为样本较少，没有包括在内。
资料来源：麦可思－中国2020~2022届大学毕业生培养质量跟踪评价。

表5-2　2018届、2019届高职各专业大类毕业生毕业三年后的就业满意度

单位：%

高职专业大类名称	2019届三年后	2018届三年后
教育与体育大类	76	74
食品药品与粮食大类	75	74
农林牧渔大类	74	73
文化艺术大类	74	72
财经商贸大类	73	71
交通运输大类	72	70
电子信息大类	71	69
旅游大类	70	71
能源动力与材料大类	69	68
土木建筑大类	69	70
装备制造大类	69	69
生物与化工大类	69	69
医药卫生大类	69	69
资源环境与安全大类	65	63
全国高职	71	70

注：个别专业大类因为样本较少，没有包括在内。
资料来源：麦可思－中国2018届、2019届大学毕业生三年后职业发展跟踪评价。

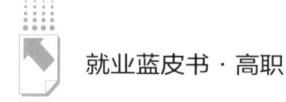

毕业半年后就业满意度排名靠前的30位专业中，铁道运输类专业数量最多（共5个），且排名普遍靠前。具体来看，铁道机车专业的就业满意度（87%）最高，铁道供电技术、动车组检修技术专业（分别为83%、82%）位列第二、三位（见表5-3）。

表5-3 2022届高职生毕业半年后就业满意度排前30位的主要专业

单位：%

高职专业名称	就业满意度
铁道机车	87
铁道供电技术	83
动车组检修技术	82
园艺技术	80
国际贸易实务	80
铁道工程技术	80
供用电技术	80
铁道交通运营管理	80
物业管理	79
服装设计与工艺	78
动物医学	78
园林工程技术	78
工业过程自动化技术	78
市场营销	78
畜牧兽医	78
工业分析技术	78
石油化工技术	78
信息安全与管理	77
药品经营与管理	77
城市轨道交通工程技术	77
建筑智能化工程技术	77
酒店管理	77
空中乘务	77
发电厂及电力系统	77

续表

高职专业名称	就业满意度
口腔医学	77
视觉传播设计与制作	77
体育教育	76
投资与理财	76
数控技术	76
电力系统自动化技术	76
全国高职	75

注：毕业生规模过小的专业不包括在此排序中。
资料来源：麦可思－中国2022届大学毕业生培养质量跟踪评价。

从毕业三年后的数据来看，经济贸易类、畜牧业类专业就业满意度排名靠前，2019届分别为78%、77%（见表5-4）。

表5-4　2019届高职主要专业类毕业生毕业三年后的就业满意度

单位：%

高职专业类名称	就业满意度
经济贸易类	78
畜牧业类	77
食品工业类	76
教育类	76
铁道运输类	75
医学技术类	75
市场营销类	75
语言类	75
药品制造类	74
航空运输类	74
护理类	74
艺术设计类	74
财务会计类	73
电力技术类	71

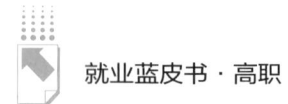

续表

高职专业类名称	就业满意度
土建施工类	71
汽车制造类	71
道路运输类	71
计算机类	71
旅游类	71
化工技术类	70
通信类	70
金融类	70
电子商务类	70
建设工程管理类	69
机械设计制造类	69
自动化类	69
城市轨道交通类	69
电子信息类	69
临床医学类	68
工商管理类	68
物流类	68
药学类	67
餐饮类	67
测绘地理信息类	66
机电设备类	64
建筑设计类	63
建筑设备类	63
全国高职	71

注：个别专业类因为样本较少，没有包括在内。
资料来源：麦可思－中国2019届大学毕业生三年后职业发展跟踪评价。

三 地区就业满意度

东部地区就业满意度保持领先，东北地区位列第二。2022届毕业生在东部地区的就业满意度为76%，其次是东北地区（75%）。从近三年的变化趋势来看，毕业生在各地区的就业满意度均逐年提升（见表5-5）。

表5-5　2020~2022届高职生毕业半年后在各区域就业的就业满意度变化趋势

单位：%

各区域	2022届	2021届	2020届
东部地区	76	74	71
东北地区	75	72	69
中部地区	73	69	68
西部地区	72	69	65
全国高职	75	72	69

资料来源：麦可思－中国2020~2022届大学毕业生培养质量跟踪评价。

另外从三大经济区域来看，毕业生在京津冀地区的就业满意度相对较高，2022届为77%（见表5-6）。

表5-6　2020~2022届高职生毕业半年后在三大经济区域就业的就业满意度变化趋势

单位：%

三大经济区域	2022届	2021届	2020届
京津冀地区	77	75	72
长三角地区	75	73	70
珠三角地区	73	72	69
全国高职	75	72	69

资料来源：麦可思－中国2020~2022届大学毕业生培养质量跟踪评价。

就业满意度是毕业生基于自己目前就业现状、就业感受而得出的主观判断，可能会受到地区经济发展水平、行业发展前景、工作环境与压力等诸多因素影响。

近年来，新一线城市的特色优势产业不断发展，高职毕业生在新一线城市的薪资水平上升较快，同时就业满意度也持续提升，与在一线城市就业群体的就业满意度较为接近。具体来看，2022届高职毕业生在新一线城市的就业满意度为75%，与一线城市（76%）基本持平，相比2018届（65%）上升了10个百分点（见图5-5）。新一线城市不断发展，就业环境持续完善，毕业生从业幸福感也相应增强。

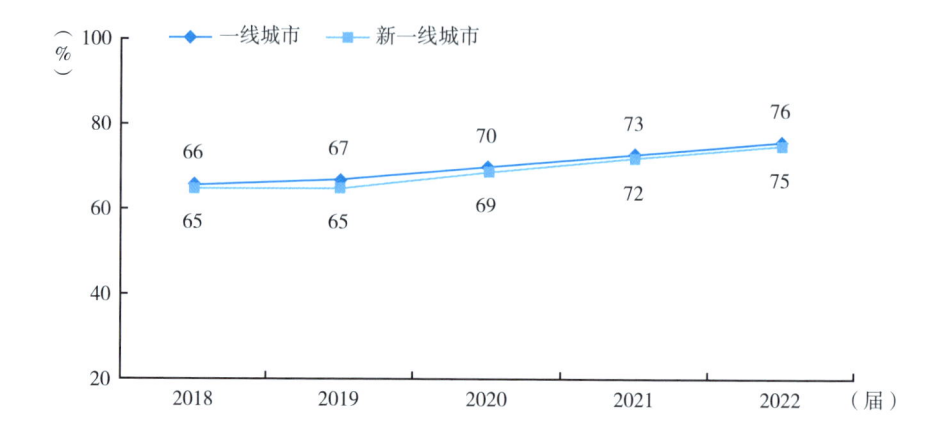

图5-5 2018~2022届高职生毕业半年后在一线、新一线城市的就业满意度变化趋势

资料来源：麦可思－中国2018~2022届大学毕业生培养质量跟踪评价。

四 行业、职业就业满意度

高职毕业生中，在体制内单位、涉农领域、新媒体文娱领域以及部分制造业就业的满意度较高，在建筑、建材、采矿、冶金以及生活服务领域就业的满意度较低。具体来看，2022届在不同行业就业的高职毕业生中，运输业就业满意度（80%）最高；玻璃黏土、石灰水泥制品业就业满意度（68%）最低。毕业三年后，2019届高职毕业生在政府及公共管理机构就业的满意度（78%）位列第一，在初级金属制造业就业的满意度（62%）最低（见图5-6、图5-7、图5-8、图5-9）。

高职毕业生就业满意度分析

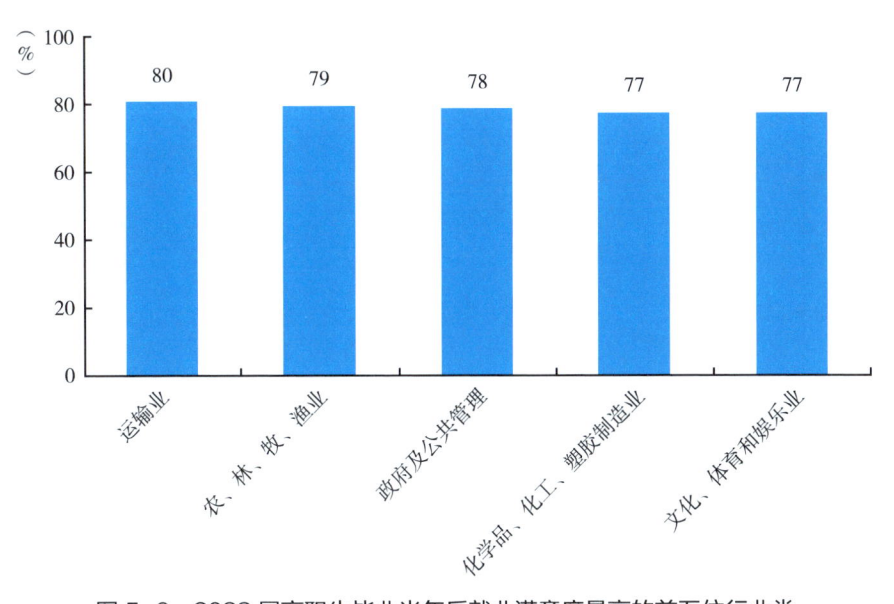

图 5-6 2022 届高职生毕业半年后就业满意度最高的前五位行业类

行业类	满意度(%)
运输业	80
农、林、牧、渔业	79
政府及公共管理	78
化学品、化工、塑胶制造业	77
文化、体育和娱乐业	77

注：毕业生规模过小的行业类不包括在此排序中。
资料来源：麦可思-中国 2022 届大学毕业生培养质量跟踪评价。

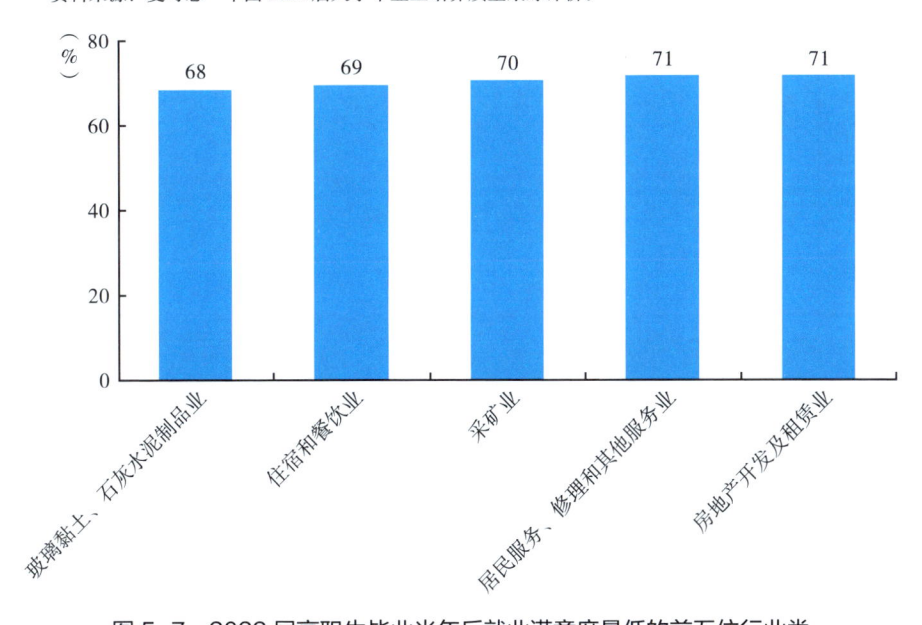

图 5-7 2022 届高职生毕业半年后就业满意度最低的前五位行业类

行业类	满意度(%)
玻璃黏土、石灰水泥制品业	68
住宿和餐饮业	69
采矿业	70
居民服务、修理和其他服务业	71
房地产开发及租赁业	71

注：毕业生规模过小的行业类不包括在此排序中。
资料来源：麦可思-中国 2022 届大学毕业生培养质量跟踪评价。

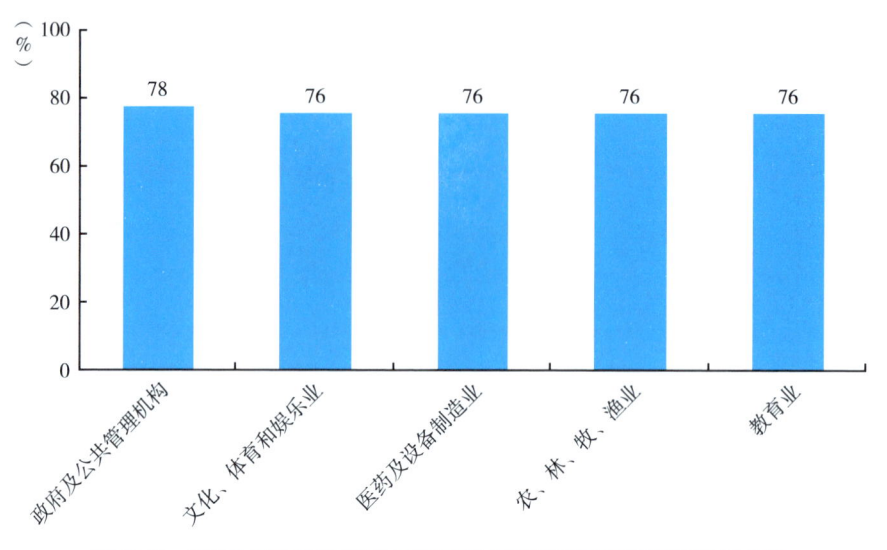

图 5-8　2019 届高职生毕业三年后就业满意度最高的前五位行业类

注：毕业生规模过小的行业类不包括在此排序中。
资料来源：麦可思－中国 2019 届大学毕业生三年后职业发展跟踪评价。

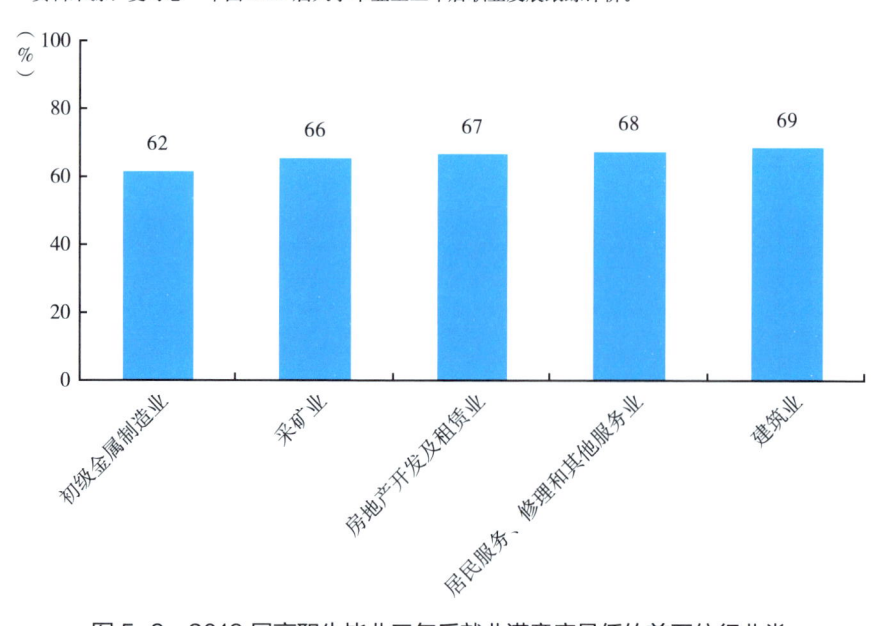

图 5-9　2019 届高职生毕业三年后就业满意度最低的前五位行业类

注：毕业生规模过小的行业类不包括在此排序中。
资料来源：麦可思－中国 2019 届大学毕业生三年后职业发展跟踪评价。

高职毕业生就业满意度分析

应届高职毕业生中，从事交通运输/邮电类职业的就业满意度最高；经营管理、涉农相关职业在毕业初期和三年后就业满意度均较高。具体来看，2022届从事交通运输/邮电类职业高职毕业生的就业满意度达到80%，排在各职业类之首；农/林/牧/渔类职业的就业满意度位列第二，达到79%。毕业三年后，经营管理类职业的就业满意度（82%）位列榜首，农/林/牧/渔、中小学教育类职业的就业满意度（均为79%）并列第二。餐饮/娱乐类、生产/运营类职业的就业满意度在毕业半年后和三年后排名均靠后（见图5-10、图5-11、图5-12、图5-13）。

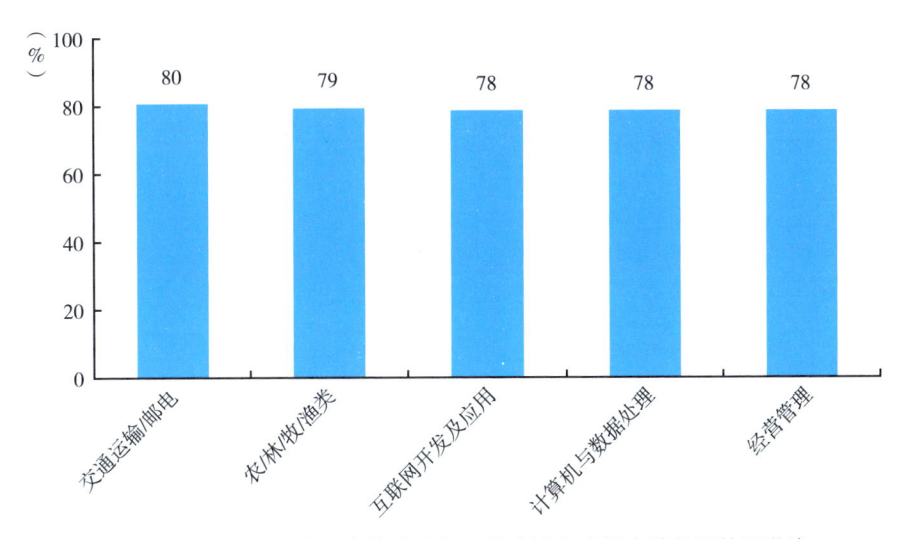

图 5-10　2022届高职生毕业半年后就业满意度最高的前五位职业类

注：毕业生规模过小的职业类不包括在此排序中。
资料来源：麦可思－中国2022届大学毕业生培养质量跟踪评价。

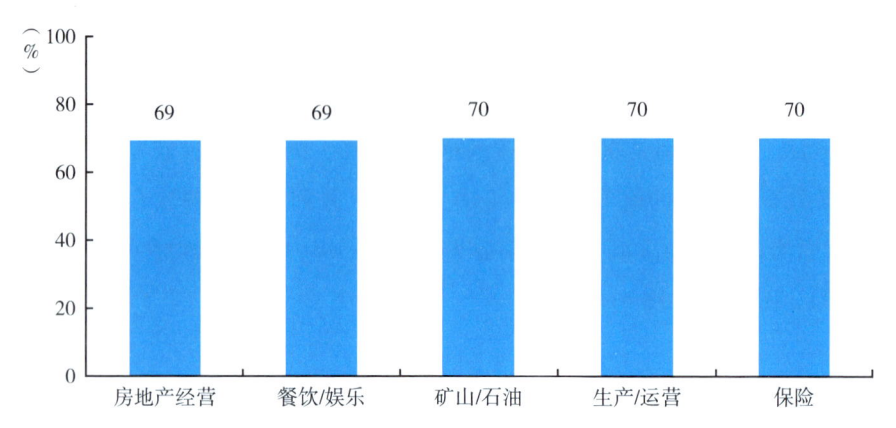

图 5-11　2022 届高职生毕业半年后就业满意度最低的前五位职业类

注：毕业生规模过小的职业类不包括在此排序中。
资料来源：麦可思－中国 2022 届大学毕业生培养质量跟踪评价。

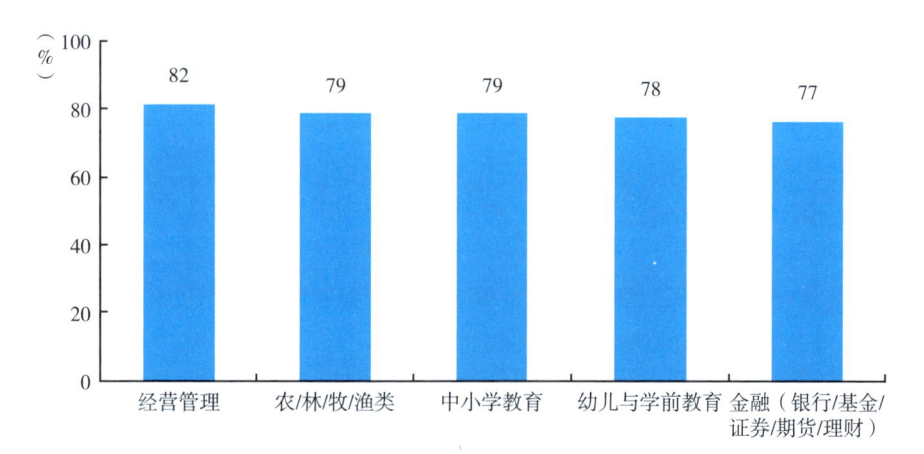

图 5-12　2019 届高职生毕业三年后就业满意度最高的前五位职业类

注：毕业生规模过小的职业类不包括在此排序中。
资料来源：麦可思－中国 2019 届大学毕业生三年后职业发展跟踪评价。

高职毕业生就业满意度分析

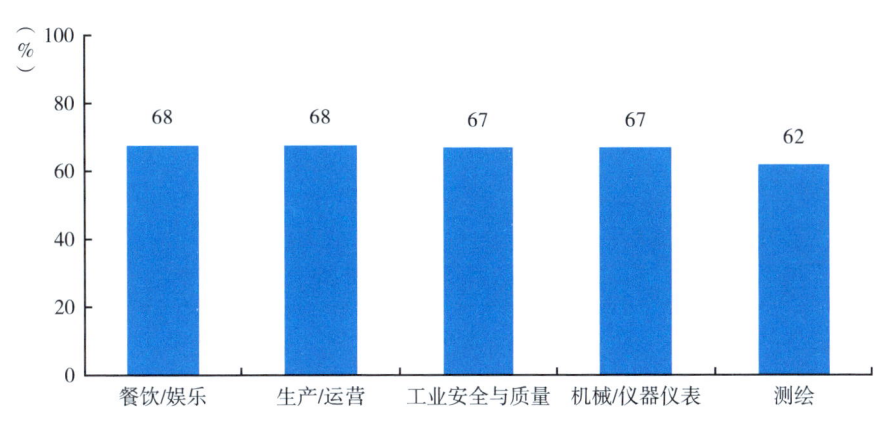

图 5-13　2019 届高职生毕业三年后就业满意度最低的前五位职业类

职业类	满意度(%)
餐饮/娱乐	68
生产/运营	68
工业安全与质量	67
机械/仪器仪表	67
测绘	62

注：毕业生规模过小的职业类不包括在此排序中。
资料来源：麦可思–中国 2019 届大学毕业生三年后职业发展跟踪评价。

五　在各类单位的就业满意度

政府机构/科研或其他事业单位的就业满意度最高，民营企业/个体就业满意度相对较低。从不同用人单位类型来看，高职毕业生毕业半年后、三年后在政府机构/科研或其他事业单位的就业满意度（分别为 78%、77%）均最高，在民营企业/个体的就业满意度（分别为 73%、69%）均相对较低（见图 5-14、图 5-15）。

087

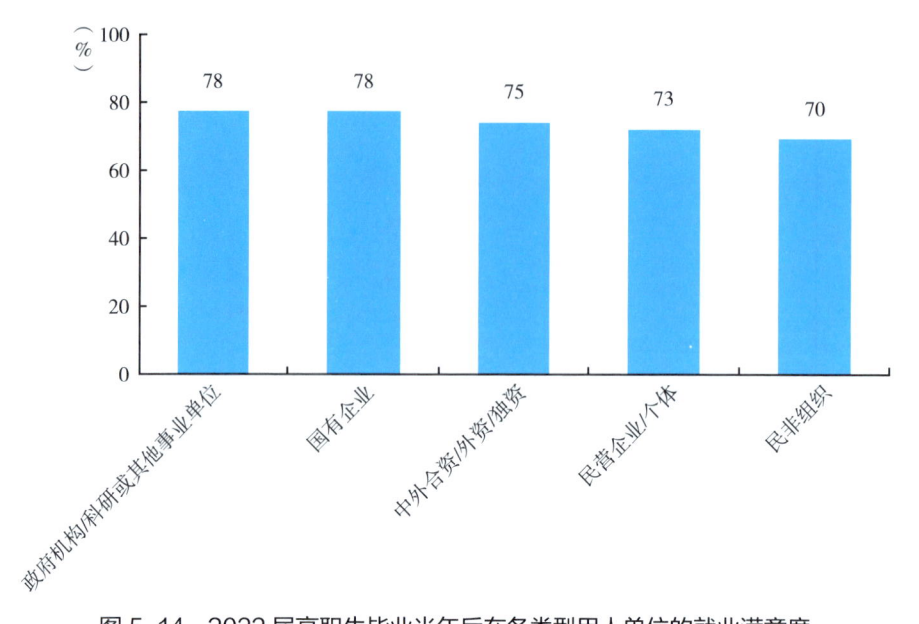

图 5-14 2022 届高职生毕业半年后在各类型用人单位的就业满意度

资料来源：麦可思－中国 2022 届大学毕业生培养质量跟踪评价。

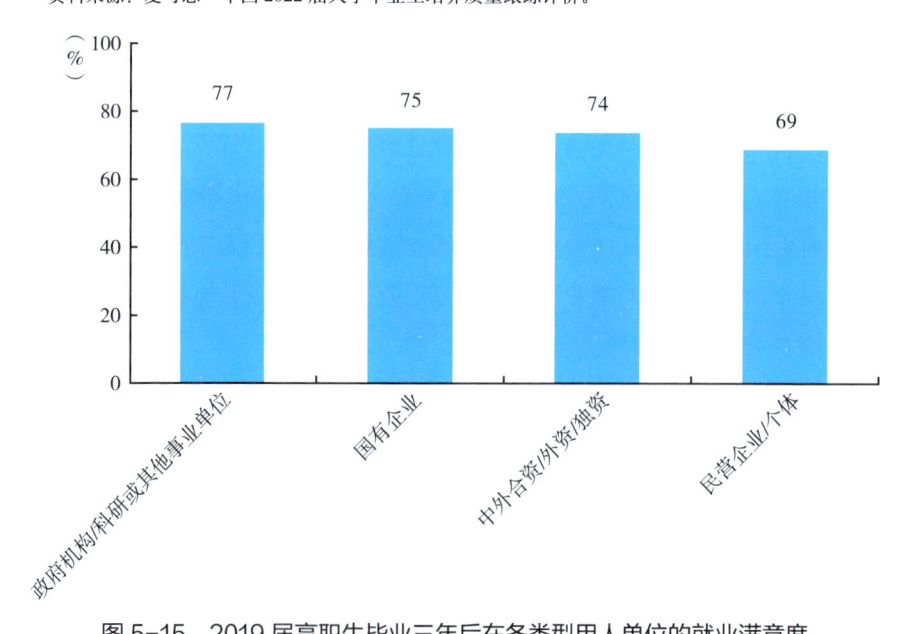

图 5-15 2019 届高职生毕业三年后在各类型用人单位的就业满意度

注：民非组织用人单位因为样本较少，没有包括在内。
资料来源：麦可思－中国 2019 届大学毕业生三年后职业发展跟踪评价。

B.6
高职毕业生职业发展分析

摘　要： 随着工作时长和经验积累，毕业生的职业适应能力不断提高，除薪资增长外，职位及工作职责也相应提升。通过对初入职场及毕业三年后的毕业生职业发展情况进行分析发现，应届高职毕业生从事专业相关工作的比例保持稳定，其中面向装备制造、绿色环保、能源供应和涉农领域的专业毕业生的工作与专业相关度逐年提升。随着时间推移，毕业生的工作选择范围扩大，三年后的从业领域更加多样化，专业背景限制少、就业口径宽的生活服务领域职位晋升较快。此外，毕业生的职场忠诚度趋于稳定，但由工作要求高、压力大导致的离职情况增加，对其职场健康发展需给予更多关注。

关键词： 从业适应面　职位晋升　职场稳定性　高职生

一　从事本专业相关工作分析

（一）总体工作与专业相关度

工作与专业相关度[①]反映了专业培养与产业需求之间的匹配程度。高职毕业生从事专业相关工作的比例保持稳定，2019~2022届均为63%（见图6-1）。

[①] **工作与专业相关度** = 受雇全职工作并且与专业相关的毕业生人数 / 受雇全职工作的毕业生人数。

就业蓝皮书·高职

随着工作时间的延长，毕业生出现岗位晋升、变迁，选择面会变得更宽，往往不再局限于本专业领域。具体来看，2019届高职毕业生毕业三年后工作与专业相关度为57%，比半年后（63%）低了6个百分点（见图6-2）。

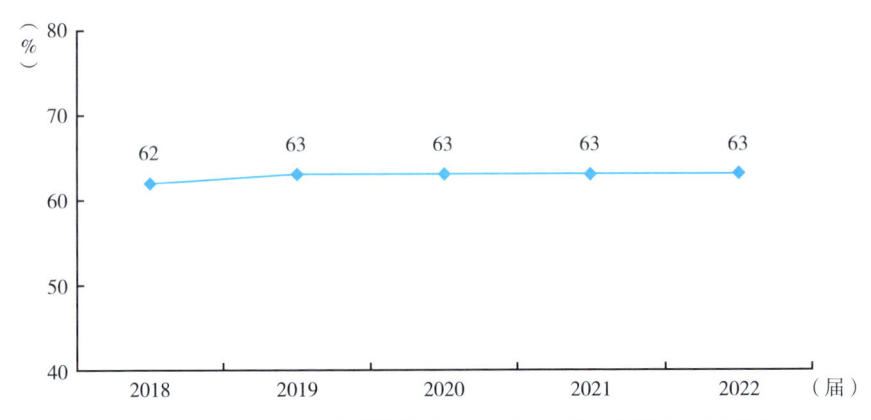

图6-1 2018~2022届高职毕业生的工作与专业相关度变化趋势

资料来源：麦可思-中国2018~2022届大学毕业生培养质量跟踪评价。

图6-2 2019届高职毕业生毕业三年后的工作与专业相关度（与2019届半年后对比）

资料来源：麦可思-中国2019届大学毕业生三年后职业发展跟踪评价，2019届大学毕业生培养质量跟踪评价。

当前就业总量压力不减，毕业生选择先就业再择业的情况增多。从 2022 届高职毕业生选择与专业无关工作原因来看，表示"迫于现实先就业再择业"的比例（31%）相比 2021 届（29%）上升了 2 个百分点，表示"专业工作不符合自己的职业期待"的比例（23%）低于 2021 届（26%）（见图 6-3）。

图 6-3　2021 届、2022 届高职毕业生选择与专业无关工作的主要原因

资料来源：麦可思 - 中国 2021 届、2022 届大学毕业生培养质量跟踪评价。

（二）主要专业的工作与专业相关度

近三年应届高职毕业生中，医药卫生大类工作与专业相关度均保持第一；能源动力与材料大类、生物与化工大类工作与专业相关度上升较多，2022 届反超土木建筑大类进入前三。结合不同毕业年限来看，医药卫生大类毕业生的工作与专业相关度在毕业半年后和毕业三年后均最高（见表 6-1、表 6-2）。

能源动力与材料大类、生物与化工大类、资源环境与安全大类、农林牧

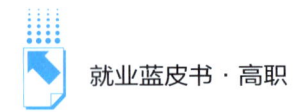

渔大类、装备制造大类近三届毕业生的工作与专业相关度均逐年提升。伴随着现代化产业体系建设加快，制造业高端化、智能化、绿色化水平不断提升，能源产供储销体系建设不断加强，乡村振兴和农业农村现代化全面推进，上述专业毕业生从事相关工作的机会不断增多。

表 6-1　2020~2022 届高职各专业大类毕业生毕业半年后的工作与专业相关度

单位：%

高职专业大类名称	2022届	2021届	2020届
医药卫生大类	83	84	85
能源动力与材料大类	75	72	71
生物与化工大类	74	71	69
土木建筑大类	70	75	75
资源环境与安全大类	69	68	64
教育与体育大类	69	70	71
农林牧渔大类	65	63	61
食品药品与粮食大类	64	63	64
新闻传播大类	61	63	61
装备制造大类	59	56	54
交通运输大类	58	58	62
文化艺术大类	58	60	61
公共管理与服务大类	56	54	57
财经商贸大类	55	54	54
电子信息大类	50	51	49
旅游大类	48	49	47
全国高职	63	63	63

注：个别专业大类因为样本较少，没有包括在内。
资料来源：麦可思－中国 2020~2022 届大学毕业生培养质量跟踪评价。

表6-2 2018届、2019届高职各专业大类毕业生毕业三年内的工作与专业相关度变化

单位：%

高职专业大类名称	2019届毕业三年后	2018届毕业三年后
医药卫生大类	85	87
土木建筑大类	67	68
交通运输大类	66	64
教育与体育大类	64	64
能源动力与材料大类	63	64
资源环境与安全大类	57	55
生物与化工大类	56	54
农林牧渔大类	52	51
食品药品与粮食大类	52	52
文化艺术大类	51	53
电子信息大类	49	49
财经商贸大类	48	46
装备制造大类	47	46
旅游大类	32	32
全国高职	57	56

注：个别专业大类因为样本较少，没有包括在内。
资料来源：麦可思-中国2018届、2019届大学毕业生三年后职业发展跟踪评价。

具体到专业层面，工作与专业相关度排名靠前的专业多属于医药卫生大类，其后是交通运输大类、教育与体育大类等。其中，2022届工作与专业相关度前三位的专业依次是口腔医学专业（97%）、铁道机车专业（93%）、临床医学专业（91%），均在90%以上（见表6-3）。

表6-3 2022届高职毕业生工作与专业相关度排前30位的主要专业

单位：%

高职专业名称	工作与专业相关度
口腔医学	97
铁道机车	93
临床医学	91
医学检验技术	88
眼视光技术	87
针灸推拿	87
护理	86
助产	85
学前教育	82
铁道工程技术	82
发电厂及电力系统	82
动物医学	81
道路桥梁工程技术	81
小学教育	80
畜牧兽医	80
中医学	80
电力系统自动化技术	79
语文教育	79
工程测量技术	79
铁道供电技术	78
动车组检修技术	78
市政工程技术	78
中药学	77
建设工程监理	77
石油化工技术	77
体育教育	77
城市轨道交通车辆技术	77
药学	76
口腔医学技术	76
康复治疗技术	76
全国高职	63

注：毕业生规模过小的专业不包括在此排序中。

资料来源：麦可思－中国2022届大学毕业生培养质量跟踪评价。

（三）主要职业的工作与专业相关度

卫生健康类职业从业门槛较高，行政、后勤类职业对从业人员专业背景的要求较低。在 2022 届高职毕业生工作与专业相关度要求最高的前 20 位职业中，卫生健康类职业较多，例如护士（97%）、医生助理（96%）、医学和临床实验室技术人员（96%）、理疗员（95%）、医疗救护人员（94%）、放射技术人员（93%）等，这些职业对从业人员专业背景的要求较高（见表 6-4）。

表 6-4 2022 届高职毕业生工作与专业相关度要求最高的前 20 位职业

单位：%

职业名称	工作与专业相关度
护士	97
医生助理	96
医学和临床实验室技术人员	96
理疗员	95
医疗救护人员	94
放射技术人员	93
幼儿教师	93
兽医	93
列车司机	92
工程造价人员	91
牙科保健人员	90
建筑技术人员	90
铁轨铺设及维护设备操作人员	89
铁路闸、铁路信号和转辙器操作人员	89
建筑绘图人员	88
车身修理技术人员	88
建筑设计员（非园林和水上景观）	88
土木建筑工程技术人员	88
会计	86
计算机程序员	86
全国高职	63

注：毕业生规模过小的职业不包括在此排序中。
资料来源：麦可思 - 中国 2022 届大学毕业生培养质量跟踪评价。

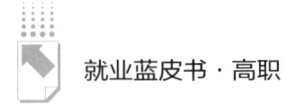

另外，在工作与专业相关度要求最低的前20位职业中，行政、后勤类的职业相对集中，例如招聘专职人员（28%）、文员（29%）、数据录入员（30%）等（见表6-5）。

表6-5 2022届高职毕业生工作与专业相关度要求最低的前20位职业

单位：%

职业名称	工作与专业相关度
手工包装人员	25
贷款顾问	25
招聘专职人员	28
文员	29
数据录入员	30
行政秘书和行政助理	31
快递员	31
辅警	32
人力资源助理	32
客服专员	33
酬劳、福利和工作分析专职人员	35
房地产经纪人	35
收银员	35
社区和村镇工作人员	36
推销员	36
行政服务经理	36
健身教练和健身操指导员	36
餐饮服务生	37
金融服务销售商	37
档案管理员	38
全国高职	63

注：毕业生规模过小的职业不包括在此排序中。
资料来源：麦可思－中国2022届大学毕业生培养质量跟踪评价。

二 职位晋升情况

(一) 总体职位晋升

高职毕业生职位晋升[①]比例有所下降,"双高"院校毕业生晋升略呈优势。具体来看,2019届高职生毕业三年内有过晋升的比例(56%)较2018届(59%)有所下降;"双高"院校毕业生获得职位晋升的比例(59%)比非"双高"院校(55%)高4个百分点(见图6-4)。

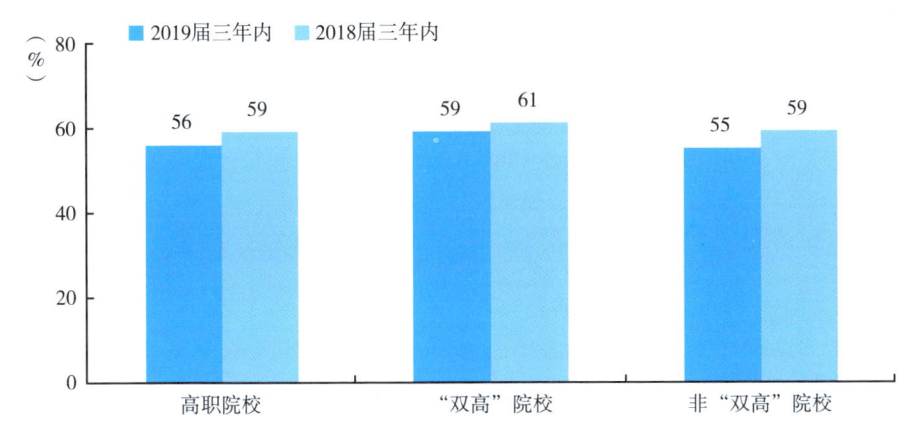

图 6-4 2019届高职毕业生毕业三年内平均获得职位晋升的比例
(与2018届三年内对比)

资料来源:麦可思-中国2018届、2019届大学毕业生三年后职业发展跟踪评价。

2019届高职毕业生毕业三年内平均获得晋升的次数为0.9次。从晋升频度来看,2019届毕业生毕业三年内有29%的人获得过1次晋升,18%的人获得过2次晋升(见图6-5、图6-6)。

---

① 职位晋升:由已经工作的毕业生回答是否获得职位晋升以及获得晋升的次数。职位晋升是指享有比前一个职位更多的职权并承担更多的责任,由毕业生主观判断。这既包括不换雇主的内部提升,也包括通过更换雇主实现的晋升。
职位晋升次数:由毕业生回答获得职位晋升的次数,计算公式的分子是三年内毕业生获得的职位晋升次数,没有获得职位晋升的记为0次,分母是三年内就业和就业过的毕业生数。

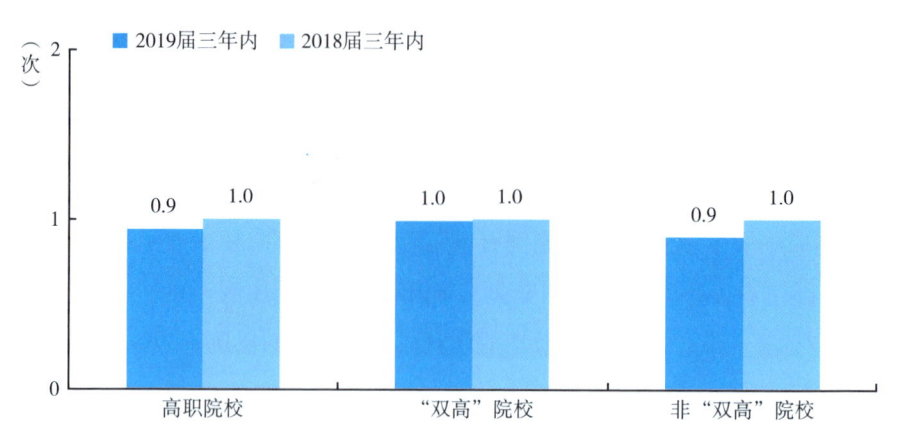

图 6-5 2019 届高职毕业生毕业三年内平均获得职位晋升的次数
（与 2018 届三年内对比）

资料来源：麦可思-中国 2018 届、2019 届大学毕业生三年后职业发展跟踪评价。

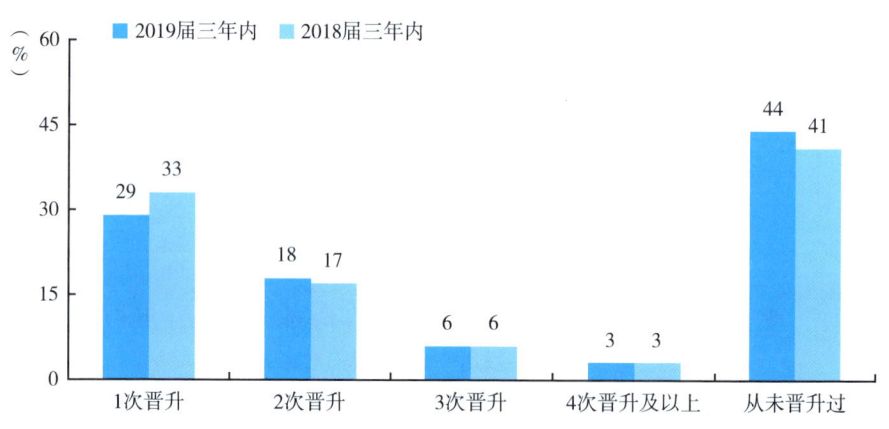

图 6-6 2019 届高职生毕业三年内平均获得职位晋升的频度
（与 2018 届三年内对比）

资料来源：麦可思-中国 2018 届、2019 届大学毕业生三年后职业发展跟踪评价。

（二）各专业大类的职位晋升

综合职位晋升比例和次数可以看出，旅游大类晋升情况较好，医药卫生大类晋升相对较慢。从各专业大类获得晋升的比例来看，旅游大类毕业生毕业三年内获得职位晋升的比例排在第一位，晋升次数排在第二位（并列）；医药卫生大类毕业生毕业三年内获得职位晋升的比例和次数均相对较低，这类专业毕业生主要就业于医疗卫生单位，其晋升与医护人员职称体系有关（见表6-6、表6-7）。

表6-6　2019届高职各专业大类毕业生毕业三年内平均获得职位晋升的比例（与2018届三年内对比）

单位：%

高职专业大类名称	2019届三年内	2018届三年内
旅游大类	69	68
能源动力与材料大类	62	60
农林牧渔大类	61	62
土木建筑大类	61	64
财经商贸大类	61	62
文化艺术大类	61	65
资源环境与安全大类	58	56
食品药品与粮食大类	58	62
装备制造大类	57	60
教育与体育大类	56	57
生物与化工大类	55	58
电子信息大类	55	59
交通运输大类	51	55
医药卫生大类	36	35
全国高职	56	59

注：个别专业大类因为样本较少，没有包括在内。
资料来源：麦可思－中国2018届、2019届大学毕业生三年后职业发展跟踪评价。

表 6-7　2019 届高职各专业大类毕业生毕业三年内平均获得职位晋升的次数
（与 2018 届三年内对比）

单位：次

高职专业大类名称	2019届三年内	2018届三年内
农林牧渔大类	1.2	1.2
能源动力与材料大类	1.1	1.0
旅游大类	1.1	1.1
土木建筑大类	1.0	1.1
财经商贸大类	1.0	1.0
文化艺术大类	1.0	1.1
资源环境与安全大类	0.9	1.0
装备制造大类	0.9	1.0
生物与化工大类	0.9	1.0
电子信息大类	0.9	1.0
食品药品与粮食大类	0.8	0.9
教育与体育大类	0.8	0.9
交通运输大类	0.7	0.8
医药卫生大类	0.5	0.6
全国高职	0.9	1.0

注：个别专业大类因为样本较少，没有包括在内。
资料来源：麦可思－中国2018届、2019届大学毕业生三年后职业发展跟踪评价。

（三）主要行业、职业的职位晋升

生活服务领域整体上职位晋升较快。具体来看，住宿和餐饮业毕业生在毕业三年内职位晋升比例（75%）位列第一，高出第二位较多；同时毕业生毕业三年内获得职位晋升的次数也排在首位，达到1.5次（见表6-8、表6-9）。

高职毕业生职业发展分析

表 6-8　2019 届高职主要行业类毕业生毕业三年内平均获得职位晋升的比例
（与 2018 届三年内对比）

单位：%

高职行业类名称	2019届三年内	2018届三年内
住宿和餐饮业	75	75
各类专业设计与咨询服务业	68	66
零售业	67	66
家具制造业	65	64
文化、体育和娱乐业	65	66
邮递、物流及仓储业	65	65
信息传输、软件和信息技术服务业	64	64
农、林、牧、渔业	62	64
批发业	61	61
电子电气设备制造业（含计算机、通信、家电等）	61	63
金融业	61	63
医药及设备制造业	60	62
建筑业	60	61
食品、烟草、加工业	60	63
房地产开发及租赁业	59	60
纺织、服装、皮革制造业	59	61
居民服务、修理和其他服务业	59	61
教育业	58	61
其他制造业	57	62
行政、商业和环境保护辅助业	55	55
机械设备制造业	55	59
电力、热力、燃气及水生产和供应业	55	61
化学品、化工、塑胶制造业	54	60
交通运输设备制造业	52	55
运输业	45	51
政府及公共管理	39	39
医疗和社会护理服务业	36	38
全国高职	56	59

注：个别行业类因为样本较少，没有包括在内。
资料来源：麦可思－中国 2018 届、2019 届大学毕业生三年后职业发展跟踪评价。

表6-9 2019届高职主要行业类毕业生毕业三年内平均获得职位晋升的次数（与2018届三年内对比）

单位：次

高职行业类名称	2019届三年内	2018届三年内
住宿和餐饮业	1.5	1.5
农、林、牧、渔业	1.2	1.3
零售业	1.2	1.2
家具制造业	1.2	1.1
文化、体育和娱乐业	1.2	1.2
各类专业设计与咨询服务业	1.1	1.1
房地产开发及租赁业	1.1	1.1
邮递、物流及仓储业	1.1	1.1
信息传输、软件和信息技术服务业	1.1	1.2
食品、烟草、加工业	1.0	1.0
电子电气设备制造业（含计算机、通信、家电等）	1.0	1.0
纺织、服装、皮革制造业	1.0	1.1
批发业	1.0	1.1
建筑业	0.9	1.1
电力、热力、燃气及水生产和供应业	0.9	1.0
居民服务、修理和其他服务业	0.9	0.9
教育业	0.9	1.0
行政、商业和环境保护辅助业	0.9	0.9
化学品、化工、塑胶制造业	0.9	1.0
机械设备制造业	0.8	0.9
其他制造业	0.8	1.1
金融业	0.8	0.9
医药及设备制造业	0.8	0.9
交通运输设备制造业	0.8	0.8
运输业	0.6	0.7
政府及公共管理	0.5	0.6
医疗和社会护理服务业	0.5	0.6
全国高职	0.9	1.0

注：个别行业类因为样本较少，没有包括在内。
资料来源：麦可思－中国2018届、2019届大学毕业生三年后职业发展跟踪评价。

经营管理类职业的晋升优势明显。具体来看，从事经营管理类职业的毕业生在毕业三年内职位晋升比例达到81%，晋升次数达到1.8次，均明显高于其他职业类。晋升速度与职业自身特点有关，这类职业本身就要求从业者达到一定层次和级别。另外，受职业特点或职称体系影响，医疗保健/紧急救助、公安/检察/法院/经济执法等类型职业的晋升相对缓慢（见表6-10、表6-11）。

表6-10　2019届高职主要职业类毕业生毕业三年内平均获得职位晋升的比例（与2018届三年内对比）

单位：%

高职职业类名称	2019届三年内	2018届三年内
经营管理	81	84
餐饮/娱乐	71	69
人力资源	71	74
美术/设计/创意	68	67
表演艺术/影视	68	69
销售	68	67
房地产经营	67	68
互联网开发及应用	67	69
酒店/旅游/会展	66	69
生产/运营	66	65
职业培训/其他教育	65	67
幼儿与学前教育	64	68
媒体/出版	63	61
农/林/牧/渔类	62	65
物流/采购	61	63
保险	61	66
建筑工程	60	63
财务/审计/税务/统计	60	60
金融（银行/基金/证券/期货/理财）	58	57
电气/电子（不包括计算机）	57	62

续表

高职职业类名称	2019届三年内	2018届三年内
计算机与数据处理	57	59
机动车机械/电子	57	58
电力/能源	55	60
生物/化工	53	56
机械/仪器仪表	53	57
中小学教育	51	52
行政/后勤	48	50
社区工作者	48	52
交通运输/邮电	47	52
公安/检察/法院/经济执法	38	38
医疗保健/紧急救助	33	35
全国高职	56	59

注：个别职业类因为样本较少，没有包括在内。
资料来源：麦可思－中国2018届、2019届大学毕业生三年后职业发展跟踪评价。

表6-11　2019届高职主要职业类毕业生毕业三年内平均获得职位晋升的次数（与2018届三年内对比）

单位：次

高职职业类名称	2019届三年内	2018届三年内
经营管理	1.8	1.9
餐饮/娱乐	1.5	1.5
表演艺术/影视	1.3	1.4
酒店/旅游/会展	1.3	1.3
房地产经营	1.2	1.3
职业培训/其他教育	1.2	1.2
美术/设计/创意	1.2	1.1
销售	1.2	1.2
互联网开发及应用	1.2	1.3
人力资源	1.1	1.2
物流/采购	1.1	1.1

高职毕业生职业发展分析

续表

高职职业类名称	2019届三年内	2018届三年内
媒体/出版	1.1	1.1
生产/运营	1.1	1.1
幼儿与学前教育	1.0	1.0
农/林/牧/渔类	1.0	1.2
建筑工程	1.0	1.1
财务/审计/税务/统计	0.9	0.9
电气/电子（不包括计算机）	0.9	1.0
计算机与数据处理	0.9	0.9
金融（银行/基金/证券/期货/理财）	0.9	0.8
电力/能源	0.9	1.0
机动车机械/电子	0.8	0.8
保险	0.8	1.0
生物/化工	0.8	0.9
机械/仪器仪表	0.8	0.9
中小学教育	0.8	0.8
行政/后勤	0.7	0.7
交通运输/邮电	0.6	0.7
医疗保健/紧急救助	0.6	0.7
公安/检察/法院/经济执法	0.6	0.6
社区工作者	0.5	0.7
全国高职	0.9	1.0

注：个别职业类因为样本较少，没有包括在内。
资料来源：麦可思－中国2018届、2019届大学毕业生三年后职业发展跟踪评价。

三　职场忠诚度分析

（一）离职率与雇主数

应届高职毕业生的工作流动性基本保持平稳。从近五年的离职率[1]来看，

---

[1] 离职率：有过工作经历的毕业生（从毕业时到2022年12月31日）有多大比例离职过。离职率＝曾经有离职行为的毕业生人数/现在工作或曾经工作过的毕业生人数。

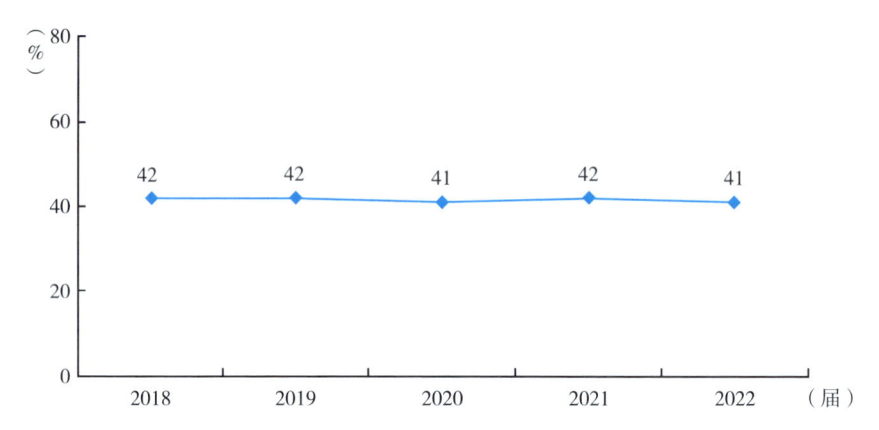

高职毕业生离职率均保持在 41% 或 42%（见图 6-7）。从毕业三年内的雇主数[①]来看，高职毕业生毕业三年内的平均雇主数为 2.4 个，不同类型高职院校之间无差异（见图 6-8）。

图 6-7　2018~2022 届高职毕业生毕业半年内的离职率变化趋势

资料来源：麦可思－中国 2018~2022 届大学毕业生培养质量跟踪评价。

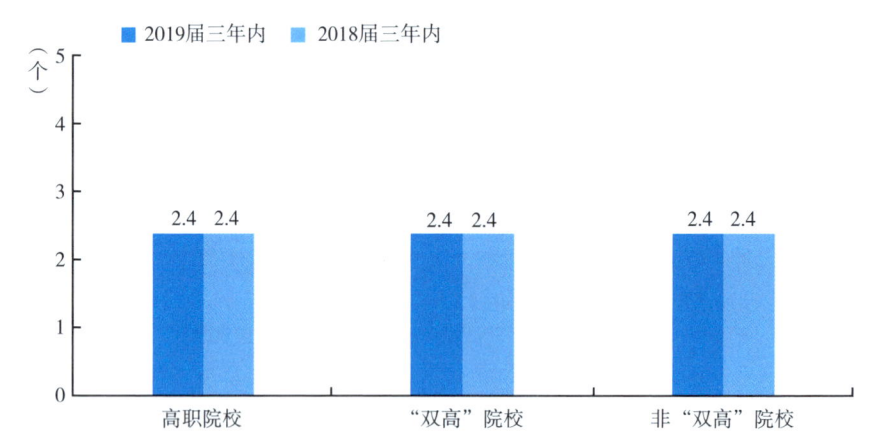

图 6-8　2019 届高职毕业生毕业三年内的平均雇主数（与 2018 届三年内对比）

资料来源：麦可思－中国 2018 届、2019 届大学毕业生三年后职业发展跟踪评价。

---

① **雇主数**：指毕业生从第一份工作到三年后的跟踪评价时点，一共为多少个雇主工作过。雇主数越多，则工作转换得越频繁；雇主数可以代表毕业生工作稳定的程度。

高职毕业生职业发展分析

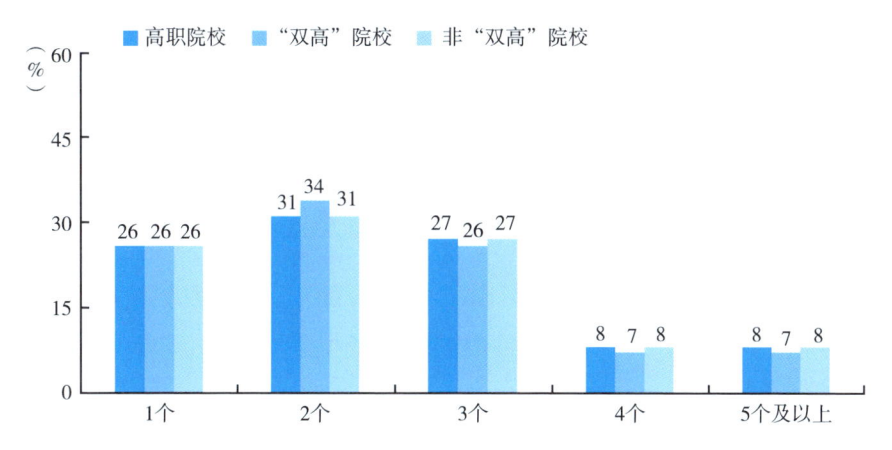

图 6-9　2019 届高职毕业生毕业三年内工作过的雇主数频度

资料来源：麦可思－中国 2019 届大学毕业生三年后职业发展跟踪评价。

医药卫生大类、能源动力与材料大类毕业生从业稳定性保持在较高水平。具体来看，医药卫生大类、能源动力与材料大类毕业生毕业半年内的离职率连续三届均低于 30%，同时毕业三年内雇主数（分别为 2.1 个、2.0 个）也较低。医药卫生大类毕业生主要服务于医疗卫生机构，能源动力与材料大类毕业生主要就业于能源类国企，其就业稳定性均较强。另外，新闻传播大类毕业生流动性较强，毕业半年内的离职率（54%）较高。（见表 6-12、表 6-13）就业稳定性与专业特点、就业所在单位类型等均有一定关系。

表 6-12　2020~2022 届高职各专业大类毕业生毕业半年内的离职率

单位：%

高职专业大类名称	2022届	2021届	2020届
医药卫生大类	28	26	24
能源动力与材料大类	28	27	28
生物与化工大类	32	36	37
交通运输大类	36	34	32
教育与体育大类	37	37	36
资源环境与安全大类	37	38	38
土木建筑大类	40	41	40
装备制造大类	40	44	44

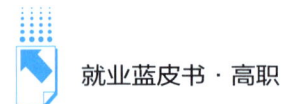

续表

高职专业大类名称	2022届	2021届	2020届
食品药品与粮食大类	41	42	43
农林牧渔大类	43	46	44
旅游大类	44	44	45
公共管理与服务大类	48	47	46
电子信息大类	49	50	49
财经商贸大类	49	51	51
文化艺术大类	51	51	51
新闻传播大类	54	54	55
全国高职	41	42	41

注：个别专业大类因为样本较少，没有包括在内。
资料来源：麦可思－中国2020~2022届大学毕业生培养质量跟踪评价。

表6-13　2019届高职各专业大类毕业生毕业三年内的平均雇主数
单位：个

高职专业大类名称	毕业三年内平均雇主数
交通运输大类	1.9
能源动力与材料大类	2.0
医药卫生大类	2.1
农林牧渔大类	2.2
生物与化工大类	2.2
资源环境与安全大类	2.3
食品药品与粮食大类	2.3
教育与体育大类	2.3
土木建筑大类	2.4
装备制造大类	2.4
电子信息大类	2.5
财经商贸大类	2.5
旅游大类	2.5
文化艺术大类	2.7
全国高职	2.4

注：个别专业大类因为样本较少，没有包括在内。
资料来源：麦可思－中国2019届大学毕业生三年后职业发展跟踪评价。

（二）离职原因

追求更高薪资福利和更大发展空间是毕业生选择离职的主要因素。具体来看，2022届高职毕业生因薪资福利偏低而离职的比例为43%，与2021届持平；因个人发展空间不够而离职的比例为31%，比2021届（34%）下降了3个百分点；另外，毕业生因工作要求高、压力大而选择离职的情况增多，2022届该比例达到25%（见图6-10）。

图 6-10　2021届、2022届高职毕业生主动离职的原因

资料来源：麦可思-中国2021届、2022届大学毕业生培养质量跟踪评价。

B.7
高职毕业生专升本分析

摘　要：近年来专升本规模扩大较为明显，越来越多高职毕业生选择通过专升本继续提升学历，特别是教育与体育、财经商贸、电子信息等专业大类的毕业生，专升本比例均超过两成。去更好的大学以追求更广阔的就业前景是高职毕业生选择专升本的主要原因，除了一毕业就升学外，有四成以上毕业生在离校一段时间后获得了学历提升，这对其从业幸福感的增强具有积极影响，经济上的回报也将随时间推移而逐渐显现。

关键词：专升本　职业发展　高职生

一　读本科的比例

专升本[①]规模逐年扩大，为高职毕业生提供了更多升学机会。具体来看，2022届高职毕业生读本科比例在2021届（19.3%）的基础上进一步上升，达到20.1%，是2018届（6.3%）的3倍以上。从不同院校类型近五年的数据来看，"双高"院校专升本比例整体高于非"双高"院校，到2022届分别达到21.4%、19.9%；与2018届相比，"双高"院校、非"双高"院校均上升了13.8个百分点（见图7-1、图7-2）。随着国家大力推动职业教育改革，职业本科得到稳步发展，未来更多毕业生将有机会接受职业本科教育。

---

① **专升本**：指高职毕业生毕业后继续就读本科。有专升本、专插本、专接本、专转本多种形式，本报告中统一称为"专升本"。

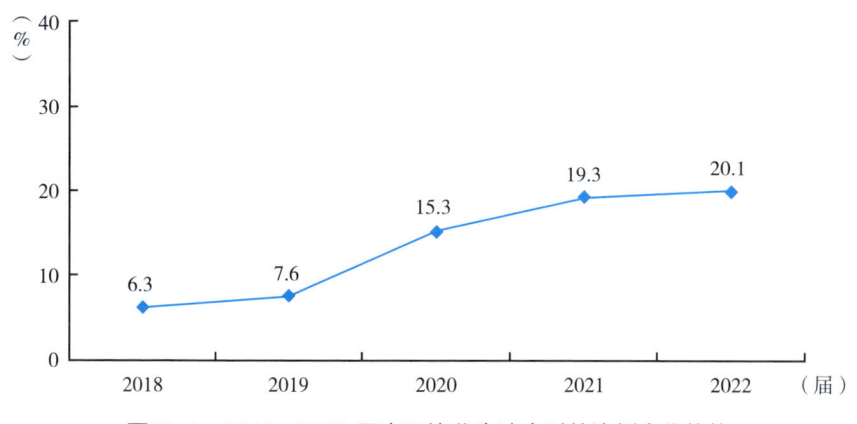

图 7-1　2018~2022 届高职毕业生读本科的比例变化趋势

资料来源：麦可思－中国 2018~2022 届大学毕业生培养质量跟踪评价。

图 7-2　2018~2022 届各类高职院校毕业生读本科的比例变化趋势

资料来源：麦可思－中国 2018~2022 届大学毕业生培养质量跟踪评价。

从各专业大类读本科的比例来看，2022 届教育与体育大类、财经商贸大类、电子信息大类毕业生专升本比例排前三位，均超过 22%（见表 7-1）。

111

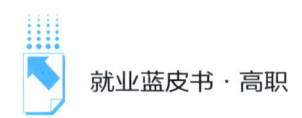

表 7-1 2020~2022 届高职各专业大类读本科的比例

单位：%

高职专业大类名称	2022届	2021届	2020届
教育与体育大类	23.7	21.8	16.8
财经商贸大类	22.8	21.6	17.3
电子信息大类	22.1	20.2	15.8
新闻传播大类	20.6	18.7	13.2
食品药品与粮食大类	20.0	18.1	13.6
文化艺术大类	19.9	19.3	13.7
土木建筑大类	19.5	19.4	14.8
旅游大类	19.5	16.6	11.8
公共管理与服务大类	19.3	18.4	13.0
医药卫生大类	18.8	17.7	15.8
资源环境与安全大类	18.6	17.9	13.5
生物与化工大类	18.1	18.0	14.8
装备制造大类	17.7	16.4	12.3
农林牧渔大类	15.7	14.8	12.0
能源动力与材料大类	15.5	14.6	12.3
交通运输大类	13.9	13.8	12.1
全国高职	20.1	19.3	15.3

注：个别专业大类因为样本较少，没有包括在内。
资料来源：麦可思 - 中国 2020~2022 届大学毕业生培养质量跟踪评价。

二 读本科的原因

想去更好的大学、就业前景好是毕业生选择专升本的主要原因。从 2022 届毕业生选择读本科的原因来看，有 32% 是为进入更好的大学，有 28% 是由于就业前景好（见图 7-3）。

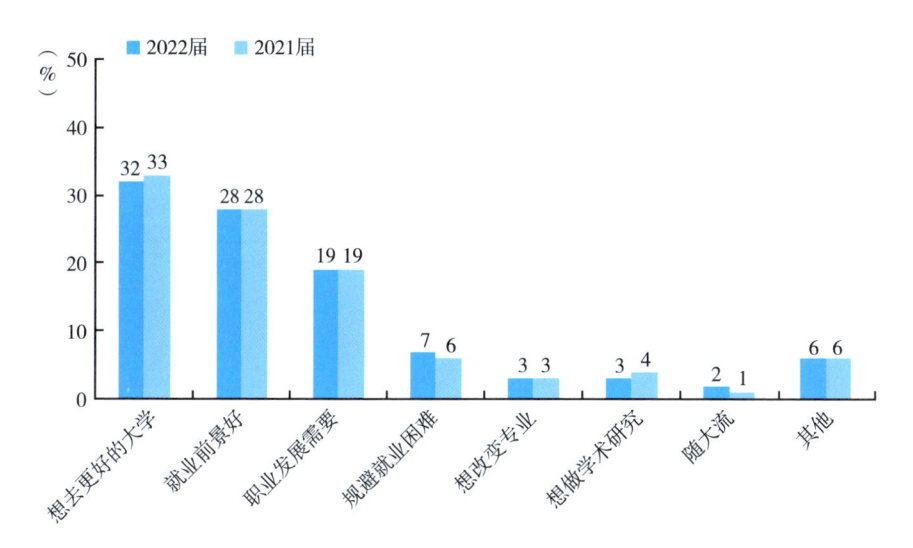

图 7-3　2021 届、2022 届高职毕业生读本科的原因

资料来源：麦可思-中国 2021 届、2022 届大学毕业生培养质量跟踪评价。

三　职业发展

高职生毕业三年后学历提升明显。具体来看，2019 届高职毕业生一毕业就升本的比例为 7.6%，到毕业三年后学历提升比例大幅上升到了 40.6%。无论是"双高"院校还是非"双高"院校都表现出相同特点，各自均有四成以上毕业生在离校一段时间后选择进一步深造以实现学历提升（见图 7-4）。

在"双高"院校中，学历提升给毕业生带来的经济回报较为明显。通过对比 2019 届高职毕业生毕业三年后学历提升和未提升人群的月收入发现，学历提升对"双高"院校毕业生的影响更为明显，学历提升人群的月收入（7400 元）比未提升人群（7223 元）高了 177 元（见图 7-5）。随着时间的推移，学历提升带来的经济回报会更为明显。

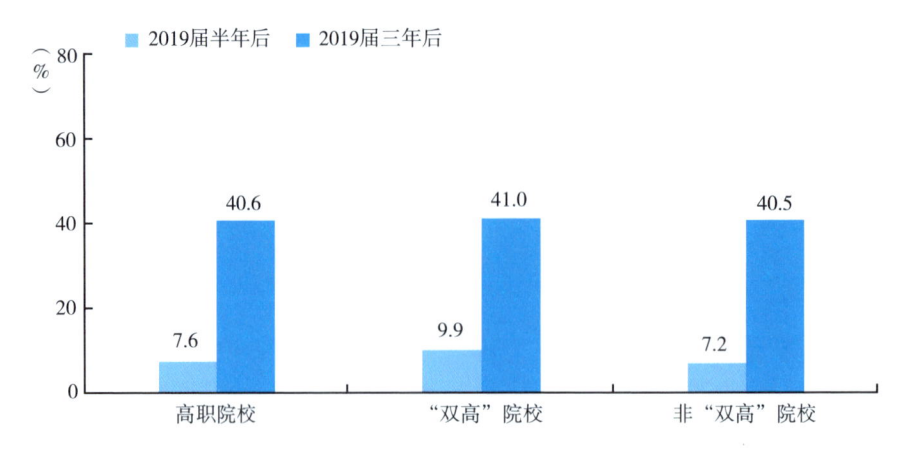

图 7-4 2019届高职生毕业三年后学历提升人群的比例

资料来源：麦可思－中国 2019 届大学毕业生三年后职业发展跟踪评价，2019 届大学毕业生培养质量跟踪评价。

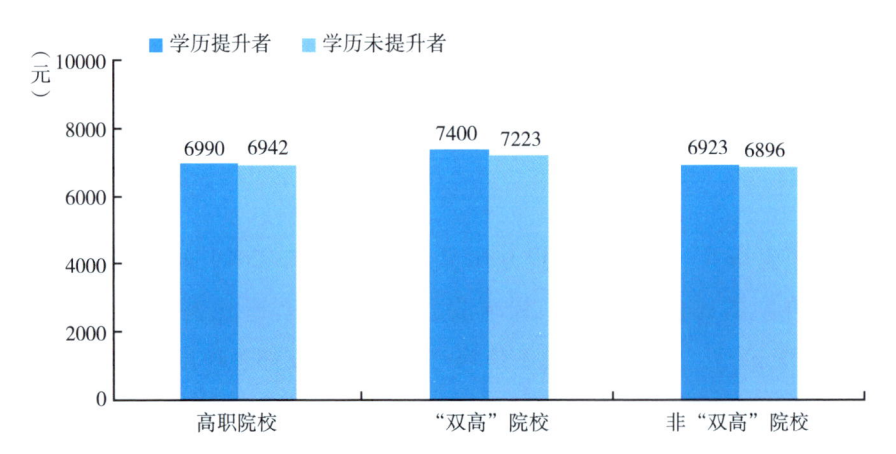

图 7-5 2019 届高职生毕业三年后学历提升人群和学历未提升人群的月收入对比

资料来源：麦可思－中国 2019 届大学毕业生三年后职业发展跟踪评价。

学历提升对毕业生从业幸福感的提升具有积极影响。通过对比高职毕业生毕业三年后学历提升和未提升人群的就业满意度发现，学历提升人群的就业满意度（74%）比学历未提升人群（68%）高 6 个百分点；"双高"院校学历提升人群的就业满意度比学历未提升人群高出 3 个百分点，非"双高"院校学历提升人群的就业满意度比学历未提升人群高出 6 个百分点（见图 7-6）。

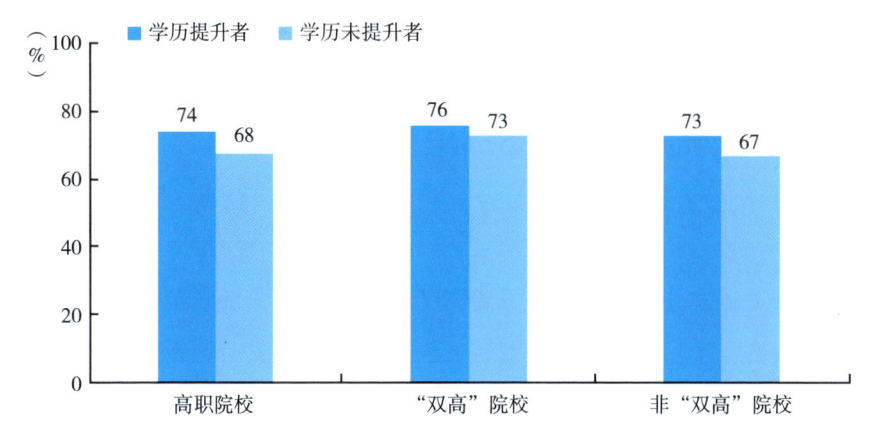

图 7-6　2019 届高职生毕业三年后学历提升人群和学历未提升人群的就业满意度对比

资料来源：麦可思 – 中国 2019 届大学毕业生三年后职业发展跟踪评价。

B.8
高职毕业生灵活就业分析

摘　要：灵活就业在缓解就业总量压力、增加毕业生就业渠道方面具有重要作用。伴随着数字经济、新业态的不断发展，新媒体运营等全新的灵活就业模式受到越来越多毕业生的青睐，为其提供了更多选择。此外，"一老一小"服务体系的构建和完善让居家养老、托育服务成为毕业生灵活就业的重要方向之一。当然，面向灵活就业群体的制度保障和政策支持仍有待进一步完善，灵活就业毕业生的收入水平、就业安全感和幸福感依然有着较大的提升空间。另外，自主创业群体面临着资金、管理、技术等方面的诸多挑战，相应的创业指导、培训及政策保障需有针对性地加强和完善。

关键词：灵活就业　新业态　政策保障　高职生

一　灵活就业比例

2022届有8.0%的高职毕业生在毕业半年后选择灵活就业，其中包括1.8%选择受雇半职工作，3.0%选择自由职业，3.2%选择自主创业。从不同院校类型来看，非"双高"院校毕业生选择灵活就业的比例（8.1%）相对更高（见图8-1）。

随着数字经济、新业态的发展，灵活就业成为越来越多毕业生的选择，在就业总量压力持续高位运行的情况下，这类新就业形态为毕业生提供了更多就业渠道。

高职毕业生灵活就业分析

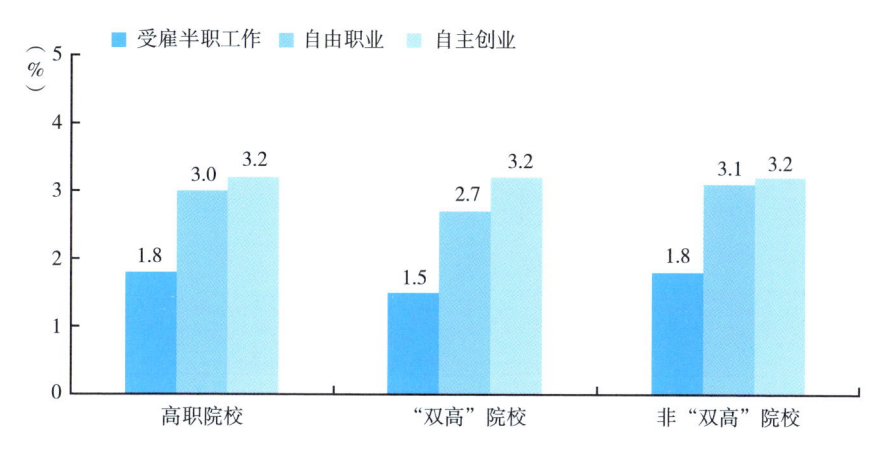

图 8-1　2022 届高职毕业生各类灵活就业的比例

资料来源：麦可思－中国 2022 届大学毕业生培养质量跟踪评价。

教育领域依然是灵活就业毕业生较为集中的领域。2022 届选择受雇半职工作的高职毕业生中，有 16.0% 服务于教育领域；自由职业、自主创业的毕业生在教育领域的比例分别为 8.6%、7.9%（见图 8-2、图 8-3、图 8-4）。

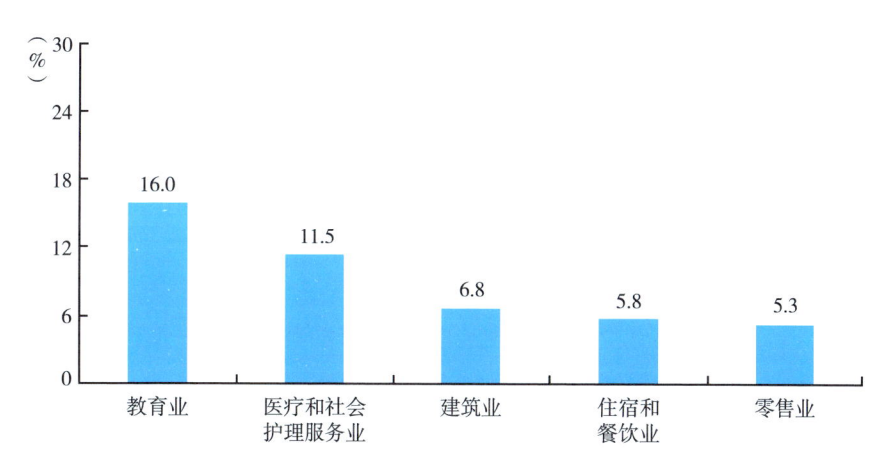

图 8-2　2022 届高职毕业生受雇半职工作最集中的前五位行业类

资料来源：麦可思－中国 2022 届大学毕业生培养质量跟踪评价。

117

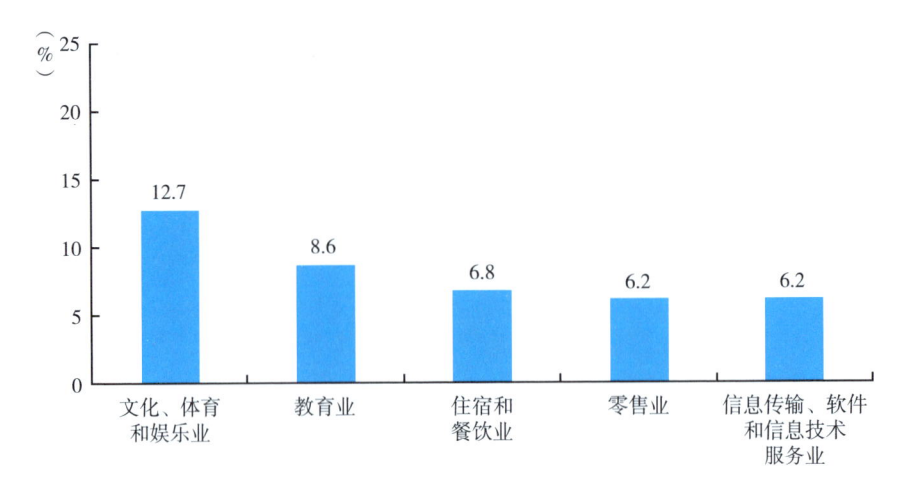

图 8-3　2022 届高职毕业生自由职业最集中的前五位行业类

资料来源：麦可思-中国 2022 届大学毕业生培养质量跟踪评价。

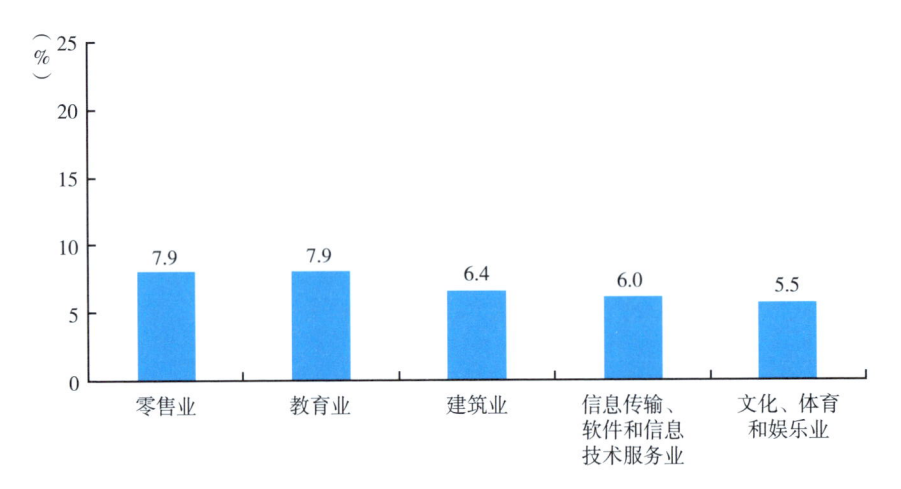

图 8-4　2022 届高职毕业生自主创业最集中的前五位行业类

资料来源：麦可思-中国 2022 届大学毕业生培养质量跟踪评价。

文体娱乐产业受到了更多青睐，特别是自由职业群体，2022 届在该领域的占比已反超教育领域位列第一，其中新媒体运营等依托数字技术而快速发展的新业态、新模式为毕业生提供了更多选择。

另外，2022届受雇半职工作的高职毕业生在医疗和社会护理服务业的占比也较高。伴随着"一老一小"服务体系的构建和完善，居家养老、托育服务成为毕业生灵活就业的重要方向之一。

二 灵活就业质量

从灵活就业毕业生的就业质量来看，自主创业群体的月收入水平较高，且从业幸福感较强。2022届选择自主创业的高职毕业生平均月收入为4920元，就业满意度为81%，均明显高于高职毕业生平均水平（月收入4595元，就业满意度75%）。自由职业、受雇半职工作群体的月收入相对较低，就业安全感和幸福感相对较弱（见图8-5、图8-6）。灵活就业虽有较高的自由度，但相应的制度保障和政策支持仍有待进一步完善，灵活就业毕业生的就业质量依然有着较大的提升空间。

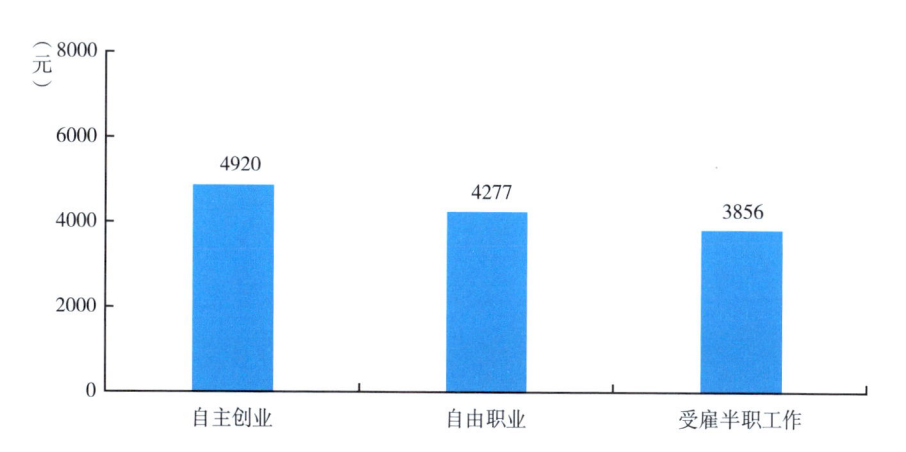

类别	月收入（元）
自主创业	4920
自由职业	4277
受雇半职工作	3856

图 8-5 2022届高职各类灵活就业毕业生的月收入

资料来源：麦可思－中国2022届大学毕业生培养质量跟踪评价。

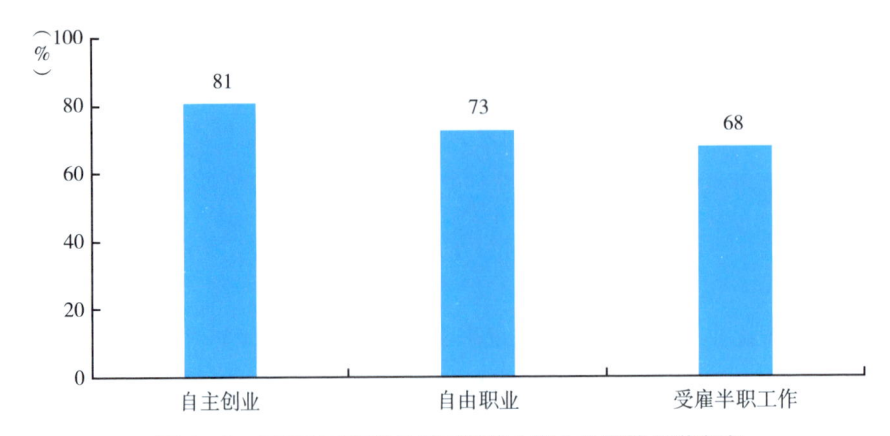

图 8-6 2022 届高职各类灵活就业毕业生的就业满意度

资料来源：麦可思-中国 2022 届大学毕业生培养质量跟踪评价。

三 自主创业人群职业发展

相比更多充当"过渡型"就业选择的受雇半职工作和自由职业，自主创业更有可能成为可长期坚守的事业。随着毕业时间的延长，毕业生自主创业比例进一步上升。2019 届高职毕业生在毕业半年后自主创业的比例为 3.4%，到毕业三年后达到 5.8%（见图 8-7）。

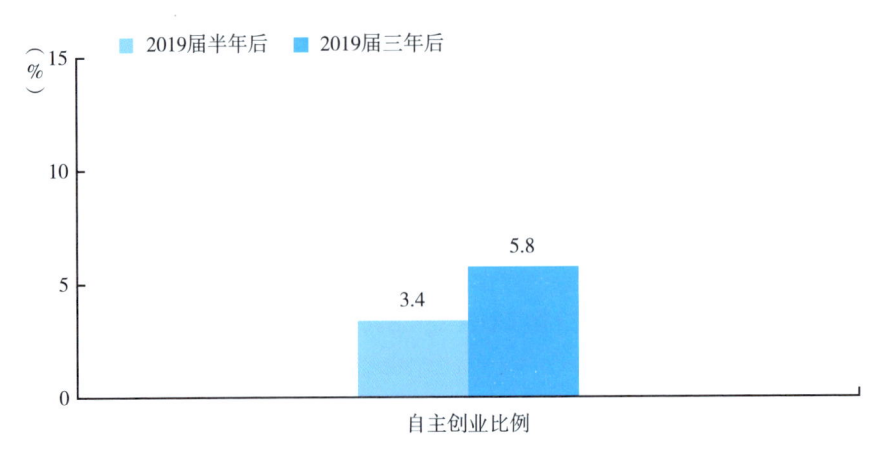

图 8-7 2019 届高职生毕业三年后自主创业的比例（与 2019 届半年后对比）

资料来源：麦可思-中国 2019 届大学毕业生三年后职业发展跟踪评价，2019 届大学毕业生培养质量跟踪评价。

高职毕业生灵活就业分析

当然值得注意的是，自主创业群体的生存挑战持续增加。2019届毕业半年内自主创业的毕业生中，大多数在三年内退出创业，依然坚持创业的比例不足四成（39.0%）（见图8-8）。除了创业资金问题外，缺乏管理经验和技术积累也是创业群体面临的主要困难，高校创新创业教育可有针对性地侧重，另外面向创业群体的政策支持与保障也可有针对性地加强。

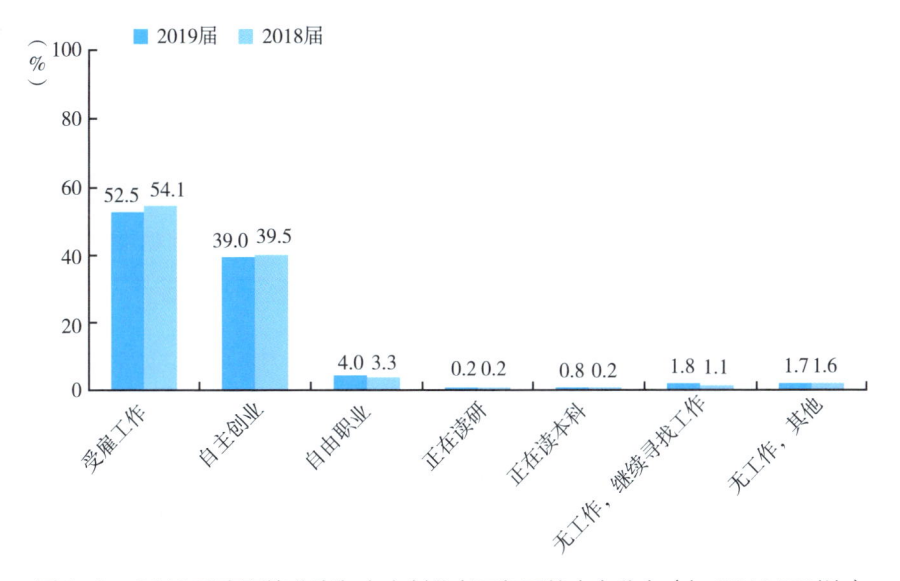

图8-8 2019届高职毕业半年自主创业者三年后的去向分布（与2018届对比）

资料来源：麦可思-中国2018届、2019届大学毕业生三年后职业发展跟踪评价，2018届、2019届大学毕业生培养质量跟踪评价。

121

B.9
高职毕业生能力分析

摘　要： 毕业生能力达成是实现高质量就业与职场可持续发展的重要前提。高职毕业生能力达成效果持续增强，其中在理解与交流能力方面整体达成效果较好；与此同时，随着数字经济的发展和产业数字化转型的深入，毕业生信息素养、数字技能亟待进一步加强；此外，面对技术迭代和工作岗位更替速度的不断加快，毕业生终身学习意识仍需强化。素养提升方面，毕业生在校期间积极进取意识、乐观态度、遵纪守法观念均获得了较为明显的提升。

关键词： 能力达成　素养提升　职业发展　高职生

一　基本工作能力评价

（一）背景介绍

工作能力： 从事某项职业工作必须具备的能力，分为职业能力和基本工作能力。职业能力是从事某一职业特别需要的能力，基本工作能力是所有工作都必须具备的能力，麦可思参考美国SCANS标准，把基本工作能力分为35项。根据麦可思的工作能力分类，中国大学生可以从事的职业600多个，对应的能力近万条。

五大类基本工作能力： 麦可思参考美国SCANS标准，将35项基本工作能力划归为五大类型，分别是理解与交流能力、科学思维能力、管理能力、应用分析能力和动手能力（见表9-1）。

表 9-1 基本工作能力定义及序号

序号	五大类能力	名称	描述
1	理解与交流能力	理解性阅读	理解工作文件的句子和段落
2	理解与交流能力	积极聆听	理解对方讲话的要点，适当地提出问题
3	理解与交流能力	有效的口头沟通	交谈中有效地传递信息
4	理解与交流能力	积极学习	理解信息中的启示，用于解决问题，帮助作出决定
5	理解与交流能力	学习方法	在训练和指导工作时选择方法与程序
6	理解与交流能力	理解他人	关注并理解他人的反应
7	理解与交流能力	服务他人	积极地寻找方法来帮助他人
8	科学思维能力	针对性写作	根据读者需求有效地传递信息
9	科学思维能力	数学解法	用数学方法来解决问题
10	科学思维能力	科学分析	用科学的原理和方法来解决问题
11	科学思维能力	逻辑思维	运用逻辑推理来判定解决问题的建议、结论和方法的优缺点
12	管理能力	绩效监督	监督和评估自己、他人或组织的绩效以采取改进行动
13	管理能力	协调安排	根据他人的需要调整工作安排
14	管理能力	说服他人	说服他人改变想法或者行为
15	管理能力	谈判技能	与他人沟通并且达成一致
16	管理能力	指导他人	指导他人怎样去做一件事
17	管理能力	解决复杂的问题	识别复杂问题并查阅信息以发现和评估解决方案
18	管理能力	判断和决策	考虑各方案的成本和收益，决定最合适的方案
19	管理能力	时间管理	管理自己和他人的时间
20	管理能力	财务管理	决定怎样花钱以完成工作，并为这些开支记账核算
21	管理能力	物资管理	如何按照工作的特定需要获得设备、厂房和材料，以及监督其合理使用
22	管理能力	人力资源管理	在工作中激发、指导人们的工作，寻找适合各项工作的人
23	应用分析能力	设计思维	分析需求和生产的可能性以开发出新产品
24	应用分析能力	技术设计	按要求设计和修改设备与技术
25	应用分析能力	设备选择	决定使用哪一种工具和设备来做一项工作
26	应用分析能力	质量控制分析	对产品、服务或工作程序进行测试和检查以评价其质量和绩效
27	应用分析能力	操作监控	监视仪表、控制器和其他指示器以保证机器正常运行

序号	五大类能力	名称	描述	续表
28	应用分析能力	操作和控制	控制设备和系统的运行	
29	应用分析能力	设备维护	对设备进行日常维护并决定什么时候进行何种维护	
30	应用分析能力	疑难排解	判断出操作错误的原因并决定纠错对策	
31	应用分析能力	系统分析	判定变化对一个系统运行结果的影响	
32	应用分析能力	系统评估	识别系统绩效的评估方法或指标,根据系统目标制订计划并以行动来改进系统表现	
33	动手能力	安装能力	按照特定要求来安装设备、机器、管线或程序	
34	动手能力	电脑编程	为各种目的编写电脑程序	
35	动手能力	维修机器和系统	使用必要的工具来修理机器和系统	

基本工作能力的重要度：用于定义正在工作的大学毕业生所理解的35项基本工作能力在其岗位工作中的重要程度，分为"无法评估""不重要""有些重要""重要""非常重要""极其重要"六个层次，处理数据时把重要性处理为百分比，0代表"不重要"，25%代表"有些重要"，50%代表"重要"，75%代表"非常重要"，100%代表"极其重要"。

工作岗位要求的基本工作能力水平：用于定义正在工作的大学毕业生所理解的工作对35项基本工作能力的要求级别，从低到高分为一级到七级。一级代表该能力的最低水平，取值1/7；七级代表该能力的最高水平，取值1。为了帮助答题人自评级别，问卷在一级到七级中分别举了三个例子，以帮助答题人理解能力差别。

毕业时掌握的基本工作能力水平：用于定义正在工作的大学毕业生所理解的对35项基本工作能力在刚毕业时实际掌握的级别，从低到高分为一级到七级。一级代表该能力的最低水平，取值1/7；七级代表该能力的最高水平，取值1。为了帮助答题人自评级别，问卷在一级到七级中分别举了三个例子，以帮助答题人理解能力差别。

基本工作能力的满足度：毕业时掌握的基本工作能力水平满足社会初始岗位的工作要求水平的百分比，100%为完全满足。满足度计算公式的分子是毕业时掌握的基本工作能力水平，分母是工作要求的水平。

（二）基本工作能力重要度和满足度

高职毕业生毕业时掌握的基本工作能力水平稳步提升。从近五年的数据来看，全国高职毕业生毕业时掌握的基本工作能力水平从2018届的54%上升至2022届的58%。从不同院校类型来看，近五年"双高"院校、非"双高"院校分别上升了2个、4个百分点，2022届均达到58%（见图9-1、图9-2）。

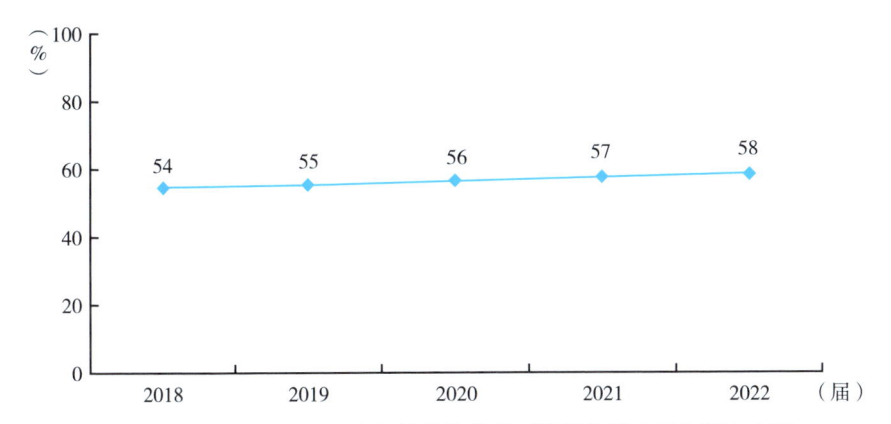

图9-1 2018~2022届高职毕业生毕业时掌握的基本工作能力水平

资料来源：麦可思-中国2018~2022届大学毕业生培养质量跟踪评价。

图9-2 2018~2022届各类高职院校毕业生毕业时掌握的基本工作能力水平

资料来源：麦可思-中国2018~2022届大学毕业生培养质量跟踪评价。

高职毕业生能力达成效果持续提升。从近五年的数据来看，全国高职毕业生的基本工作能力满足度从2018届的84%上升至2022届的88%。从不同院校类型来看，"双高"院校和非"双高"院校毕业生的基本工作能力满足度均呈现上升趋势，2022届均达到88%（见图9-3、图9-4）。

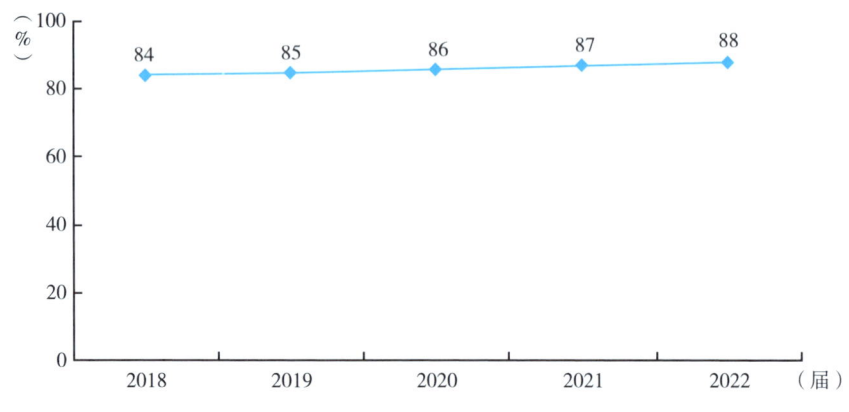

图9-3　2018~2022届高职毕业生的基本工作能力满足度

资料来源：麦可思-中国2018~2022届大学毕业生培养质量跟踪评价。

图9-4　2018~2022届各类高职院校毕业生的基本工作能力满足度

资料来源：麦可思-中国2018~2022届大学毕业生培养质量跟踪评价。

高职毕业生在理解与交流能力方面整体掌握效果较好，应用分析能力及动手能力仍有提升空间。从毕业生各项基本工作能力的重要度和满足度评价来看，2022届高职毕业生认为理解与交流能力中的学习方法、理解他人、有效的口头沟通能力，管理能力中的谈判技能、解决复杂问题的能力，应用分析能力中的设计思维、疑难排解能力，动手能力中的电脑编程方面重要度均较高。其中，电脑编程能力的满足度相对偏低（见图9-5）。

结合就业岗位来看，电脑编程能力在计算机与数据处理类岗位的重要度较高，但其满足度相对较低（见表9-2）。进一步从主要专业类来看，电脑编程能力对计算机类专业毕业生的重要度较高，但能力的满足度相对较低（见表9-3）。

随着数字经济的发展和产业数字化转型的深入，实际工作中的数字化应用场景越来越多，这也对从业者的信息素养和数字技能提出了更高要求，相关专业需要及时调整和完善人才培养环节，以更好地适应产业转型升级的需求变化。

从毕业生毕业三年后各项通用能力的需求度和满足度来看，2019届高职毕业生认为信息搜索与处理、终身学习能力在工作中的需求度（分别为67%、66%）较高，其中终身学习能力的满足度（90%）相比其他能力仍偏低（见图9-6）。面对产业升级背景下技术迭代和工作岗位更替速度的不断加快，保持不断学习的状态对毕业生职业发展至关重要。高校在注重专业能力培养的同时，更需关注终身学习等通用能力的培养和提升效果。

（三）主要职业、专业最重要的前3项基本工作能力的满足度

不同职业类、专业类最重要的基本工作能力及其达成效果有所差异（见表9-2、表9-3）。相关院校和专业可基于自身主要服务面向领域的实际需求，进一步完善能力本位的课程体系，从而更好地促进毕业生的能力达成，不断强化人才培养效果。

就业蓝皮书·高职

■ 满足度　■ 重要度

理解与交流能力
- 学习方法　88　58
- 理解他人　90　58
- 有效的口头沟通　88　58
- 积极聆听　90　57
- 积极学习　88　57
- 服务他人　90　56
- 理解性阅读　90　54

科学思维能力
- 逻辑思维　89　57
- 科学分析　88　56
- 针对性写作　90　50
- 数学解法　90　44

管理能力
- 谈判技能　89　59
- 解决复杂的问题　88　58
- 财务管理　89　57
- 时间管理　91　57
- 说服他人　86　56
- 协调安排　90　56
- 指导他人　90　55
- 人力资源管理　83　54
- 判断和决策　90　54
- 绩效监督　90　52
- 物资管理　89　51

应用分析能力
- 设计思维　86　60
- 疑难排解　86　58
- 技术设计　85　57
- 设备维护　86　57
- 质量控制分析　87　55
- 操作和控制　88　55
- 操作监控　85　55
- 系统分析　86　55
- 系统评估　89　54
- 设备选择　87　54

动手能力
- 电脑编程　78　59
- 安装能力　85　56
- 维修机器和系统　85　53

图 9-5　2022 届高职毕业生的各项基本工作能力的重要度和满足度

资料来源：麦可思-中国 2022 届大学毕业生培养质量跟踪评价。

表 9-2 主要职业类最重要的前 3 项基本工作能力的满足度

单位：%

职业类名称	最重要的3项基本工作能力	能力满足度
保险	说服他人	90
	谈判技能	88
	服务他人	90
表演艺术/影视	理解他人	88
	时间管理	90
	有效的口头沟通	90
财务/审计/税务/统计	时间管理	88
	有效的口头沟通	89
	积极聆听	91
餐饮/娱乐	谈判技能	91
	理解他人	91
	有效的口头沟通	91
测绘	解决复杂的问题	91
	积极学习	90
	积极聆听	92
电力/能源	安装能力	85
	设备维护	85
	系统分析	87
电气/电子（不包括计算机）	操作和控制	88
	设备维护	86
	学习方法	87
房地产经营	理解他人	87
	服务他人	91
	有效的口头沟通	87
服装/纺织/皮革	积极聆听	92
	谈判技能	90
	积极学习	90
工业安全与质量	疑难排解	84
	学习方法	87
	有效的口头沟通	89

续表

职业类名称	最重要的3项基本工作能力	能力满足度
公安/检察/法院/经济执法	积极聆听	88
	理解他人	88
	逻辑思维	87
航空机械/电子	安装能力	88
	操作监控	89
	疑难排解	84
互联网开发及应用	疑难排解	84
	学习方法	86
	设备维护	88
环境保护	有效的口头沟通	89
	科学分析	87
	时间管理	89
机动车机械/电子	有效的口头沟通	89
	质量控制分析	87
	安装能力	86
机械/仪器仪表	技术设计	82
	学习方法	86
	疑难排解	83
计算机与数据处理	疑难排解	82
	有效的口头沟通	86
	电脑编程	73
建筑工程	有效的口头沟通	88
	疑难排解	87
	协调安排	88
交通运输/邮电	有效的口头沟通	90
	操作监控	88
	服务他人	91
金融（银行/基金/证券/期货/理财）	时间管理	90
	谈判技能	88
	有效的口头沟通	88

续表

职业类名称	最重要的3项基本工作能力	能力满足度
经营管理	理解他人	92
	判断和决策	90
	谈判技能	92
酒店/旅游/会展	谈判技能	92
	时间管理	92
	服务他人	90
矿山/石油	理解他人	92
	有效的口头沟通	92
	解决复杂的问题	88
媒体/出版	有效的口头沟通	88
	理解他人	89
	积极聆听	88
美容/健身	说服他人	90
	服务他人	89
	理解他人	91
美术/设计/创意	谈判技能	88
	技术设计	85
	有效的口头沟通	86
农/林/牧/渔类	学习方法	87
	逻辑思维	87
	有效的口头沟通	87
人力资源	谈判技能	87
	理解他人	88
	积极学习	88
社区工作者	积极聆听	89
	有效的口头沟通	90
	理解他人	90
生产/运营	疑难排解	87
	有效的口头沟通	90
	理解他人	91

续表

职业类名称	最重要的3项基本工作能力	能力满足度
生物/化工	积极学习	88
	科学分析	89
	疑难排解	86
文化/体育	积极学习	91
	理解他人	89
	有效的口头沟通	88
物流/采购	判断和决策	91
	谈判技能	90
	积极聆听	92
销售	积极聆听	90
	积极学习	87
	谈判技能	89
行政/后勤	积极聆听	89
	协调安排	88
	理解他人	89
医疗保健/紧急救助	疑难排解	87
	理解他人	89
	服务他人	90
幼儿与学前教育	学习方法	88
	理解他人	89
	服务他人	90
职业培训/其他教育	理解他人	90
	积极学习	88
	指导他人	89
中小学教育	学习方法	86
	指导他人	88
	理解他人	89

注：个别职业类因为样本较少，没有包括在内。
资料来源：麦可思－中国2022届大学毕业生培养质量跟踪评价。

表9-3 主要专业类最重要的前3项基本工作能力的满足度

单位：%

专业类名称	最重要的3项基本工作能力	能力满足度
农业类	学习方法	88
	协调安排	89
	有效的口头沟通	91
林业类	理解他人	92
	协调安排	90
	有效的口头沟通	87
畜牧业类	学习方法	88
	有效的口头沟通	88
	理解他人	89
测绘地理信息类	积极聆听	91
	学习方法	89
	疑难排解	91
环境保护类	有效的口头沟通	87
	科学分析	85
	学习方法	87
电力技术类	学习方法	87
	操作和控制	88
	疑难排解	85
建筑设计类	谈判技能	85
	理解他人	89
	有效的口头沟通	85
土建施工类	有效的口头沟通	89
	质量控制分析	87
	协调安排	89
建筑设备类	理解他人	90
	疑难排解	88
	有效的口头沟通	87
建设工程管理类	时间管理	89
	谈判技能	85
	有效的口头沟通	87

续表

专业类名称	最重要的3项基本工作能力	能力满足度
市政工程类	学习方法	89
	有效的口头沟通	88
	疑难排解	85
房地产类	谈判技能	89
	理解他人	89
	积极学习	88
机械设计制造类	技术设计	81
	解决复杂的问题	87
	有效的口头沟通	88
机电设备类	理解他人	90
	学习方法	87
	疑难排解	87
自动化类	设备维护	84
	解决复杂的问题	87
	科学分析	87
船舶与海洋工程装备类	有效的口头沟通	85
	疑难排解	84
	积极学习	86
汽车制造类	安装能力	85
	维修机器和系统	85
	疑难排解	85
化工技术类	科学分析	90
	操作监控	85
	疑难排解	87
食品工业类	理解他人	92
	有效的口头沟通	91
	积极学习	90
药品制造类	疑难排解	87
	积极学习	92
	有效的口头沟通	92

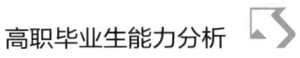

续表

专业类名称	最重要的3项基本工作能力	能力满足度
食品药品管理类	理解他人	87
	有效的口头沟通	87
	积极学习	88
铁道运输类	操作监控	88
	有效的口头沟通	90
	积极学习	88
道路运输类	协调安排	88
	有效的口头沟通	89
	解决复杂的问题	88
水上运输类	理解他人	89
	有效的口头沟通	88
	积极聆听	87
航空运输类	理解他人	90
	积极聆听	91
	服务他人	92
城市轨道交通类	积极聆听	90
	有效的口头沟通	88
	疑难排解	86
电子信息类	有效的口头沟通	87
	理解他人	88
	疑难排解	83
计算机类	疑难排解	83
	有效的口头沟通	87
	电脑编程	75
通信类	学习方法	87
	有效的口头沟通	89
	疑难排解	85
临床医学类	疑难排解	81
	积极学习	87
	服务他人	85

135

续表

专业类名称	最重要的3项基本工作能力	能力满足度
护理类	疑难排解	89
	理解他人	89
	积极学习	90
药学类	有效的口头沟通	86
	积极学习	85
	理解他人	88
医学技术类	操作和控制	87
	有效的口头沟通	90
	积极学习	86
康复治疗类	有效的口头沟通	91
	理解他人	86
	服务他人	90
金融类	时间管理	90
	服务他人	89
	有效的口头沟通	88
财务会计类	有效的口头沟通	88
	理解他人	91
	财务管理	89
经济贸易类	服务他人	89
	理解他人	91
	积极聆听	91
工商管理类	谈判技能	90
	说服他人	84
	理解他人	90
市场营销类	服务他人	90
	谈判技能	92
	理解他人	91
电子商务类	谈判技能	92
	理解他人	91
	积极聆听	90

续表

专业类名称	最重要的3项基本工作能力	能力满足度
物流类	积极聆听	91
	理解他人	89
	有效的口头沟通	87
旅游类	理解他人	91
	服务他人	92
	积极聆听	91
餐饮类	有效的口头沟通	90
	理解他人	89
	服务他人	92
艺术设计类	技术设计	86
	理解他人	90
	有效的口头沟通	88
表演艺术类	指导他人	92
	理解他人	90
	积极学习	88
广播影视类	有效的口头沟通	89
	理解他人	90
	积极聆听	90
教育类	学习方法	88
	指导他人	89
	理解他人	90
语言类	积极聆听	89
	谈判技能	85
	理解他人	90
公共事业类	理解他人	91
	积极聆听	91
	服务他人	92
公共管理类	理解他人	91
	有效的口头沟通	91
	积极学习	91

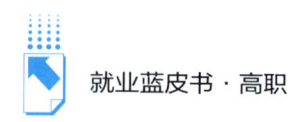

续表

专业类名称	最重要的3项基本工作能力	能力满足度
公共服务类	理解他人	88
	学习方法	88
	服务他人	88

注：个别专业类因为样本较少，没有包括在内。

资料来源：麦可思－中国2022届大学毕业生培养质量跟踪评价。

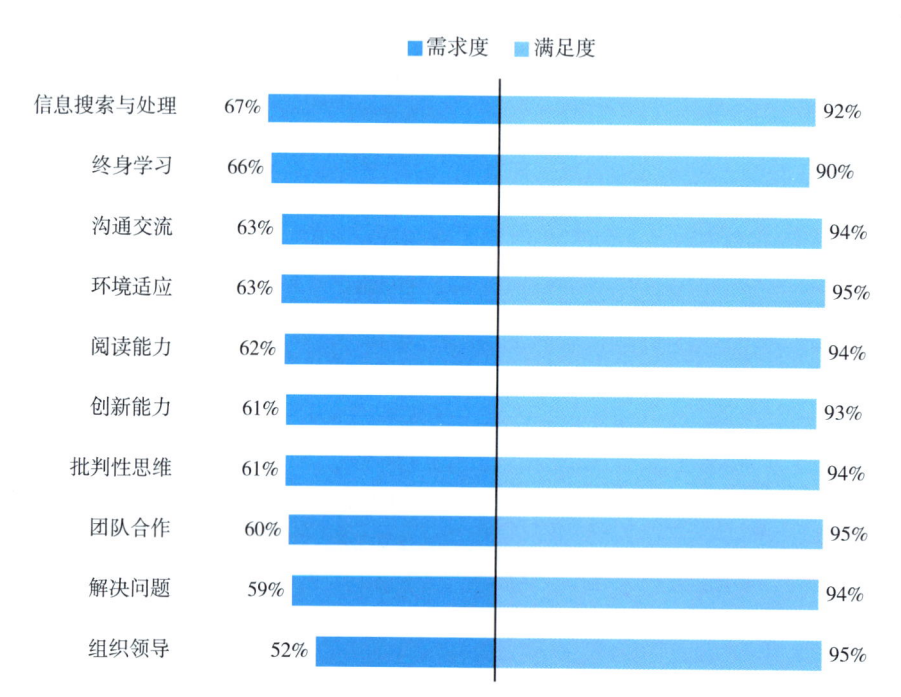

■ 需求度　■ 满足度

能力	需求度	满足度
信息搜索与处理	67%	92%
终身学习	66%	90%
沟通交流	63%	94%
环境适应	63%	95%
阅读能力	62%	94%
创新能力	61%	93%
批判性思维	61%	94%
团队合作	60%	95%
解决问题	59%	94%
组织领导	52%	95%

图9-6　2019届高职毕业生毕业三年后各项通用能力的需求度和满足度

资料来源：麦可思－中国2019届大学毕业生三年后职业发展跟踪评价。

二　在校素养提升

素养提升：由毕业生选择大学帮助自己在哪些方面明显提升了素养。一个毕业生可选择多项，也可选择"没有任何帮助"。工程类、艺术类、医学类、商科类专业在素养培养上有各自的特点，故这里的素养选项有所不同，具体描述见表9-4。

表9-4 不同类型专业素养提升选项

专业类型	素养提升选项	专业类型	素养提升选项
工程类	诚实守信	医学类	包容精神
	工程安全		诚实守信
	关注社会		关注社会
	环境意识		积极努力、追求上进
	积极努力、追求上进		健康卫生
	工匠精神		科学态度
	乐于助人		乐于助人
	人生的乐观态度		人生的乐观态度
	团队合作		职业道德
	遵纪守法		遵纪守法
艺术类	包容精神	商科类	包容精神
	诚实守信		诚实守信
	创新精神		环境意识
	关注社会		积极努力、追求上进
	环境意识		乐于助人
	积极努力、追求上进		人生的乐观态度
	乐于助人		商业道德
	人生的乐观态度		社会责任
	艺术修养		团队合作
	遵纪守法		遵纪守法
其他类	包容精神		
	诚实守信		
	关注社会		
	环境意识		
	积极努力、追求上进		
	乐于助人		
	勤俭朴素		
	人生的乐观态度		
	人文美学		
	遵纪守法		

立德树人是高校人才培养的根本任务，对学生在校期间的素养提升情况需持续关注。整体来看，大学帮助毕业生在"积极努力、追求上进""人生的

乐观态度""遵纪守法"等方面均获得了明显提升。毕业生在校期间所培养和提升的乐观向上、积极进取等素养有助于在毕业季完成自我角色转换，做好就业心理准备。此外，不同专业在素养培养上的表现特点有所差异，具体如下。

对于工程类专业来说，成果导向的工程教育要求工程人才不仅懂得运用所学知识解决实际工程问题，还应具备相应的职业素养，包括团队协作、对社会和环境的责任、法律意识等。从数据来看，2022届高职工程类专业有96%的毕业生认为大学帮助自己获得了素养上的提升。其中，"遵纪守法""团队合作""关注社会""环境意识""工程安全"方面提升比例分别为74%、68%、58%、56%、50%（见图9-7）。当前"工程安全""环境意识""关注社会"方面提升效果仍相对较弱，相关专业可关注课程对相应素养提升的支撑情况。

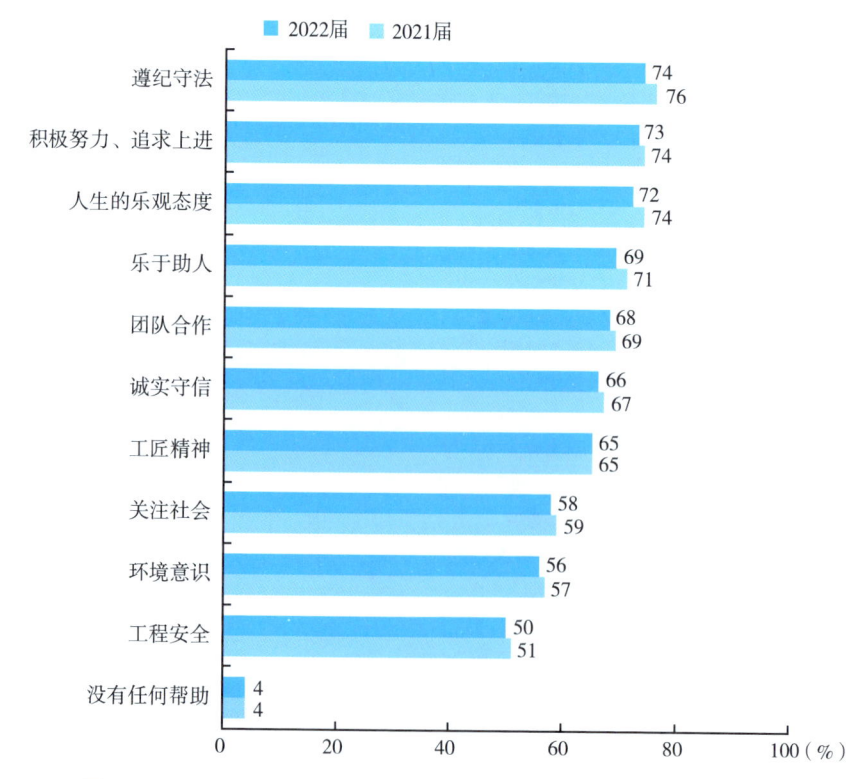

图9-7 2022届高职工程类专业毕业生大学期间的素养提升（多选）

项目	2022届	2021届
遵纪守法	74	76
积极努力、追求上进	73	74
人生的乐观态度	72	74
乐于助人	69	71
团队合作	68	69
诚实守信	66	67
工匠精神	65	65
关注社会	58	59
环境意识	56	57
工程安全	50	51
没有任何帮助	4	4

资料来源：麦可思－中国2022届大学毕业生培养质量跟踪评价。

高职毕业生能力分析

艺术类专业在校期间积极进取、乐观态度、遵纪守法、艺术修养方面提升更为明显。从数据来看，2022届高职艺术类专业有95%的毕业生认为大学帮助自己获得了素养上的提升。其中，认为在校期间素养提升较高的方面为"积极努力、追求上进"（73%）、"人生的乐观态度"（72%）、"遵纪守法"（72%）、"艺术修养"（68%）（见图9-8）。

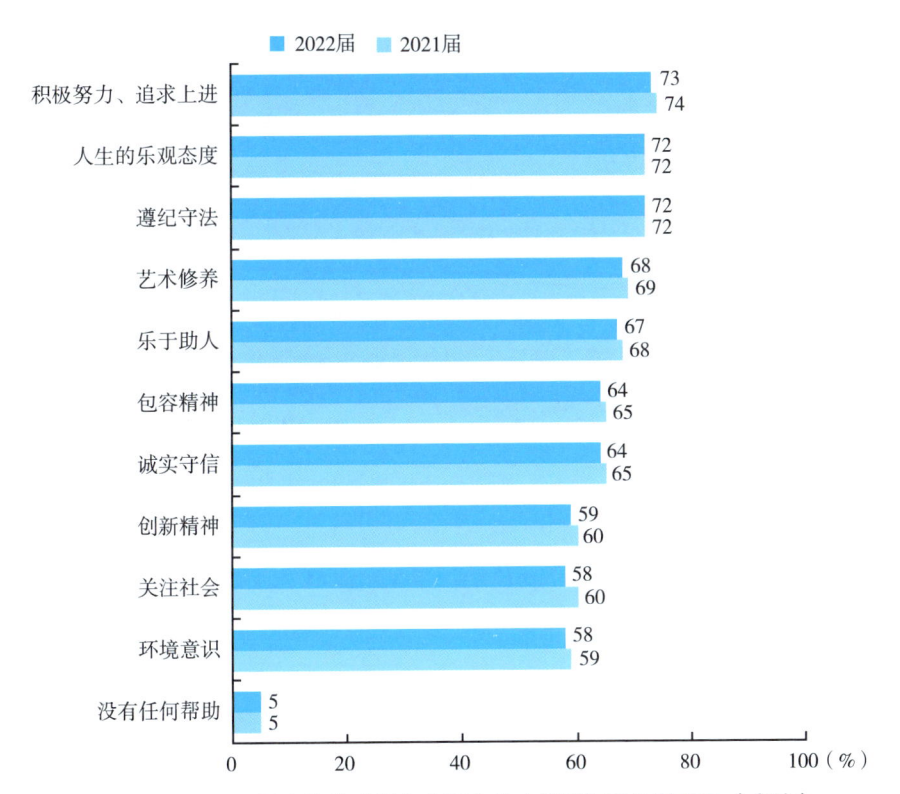

项目	2022届	2021届
积极努力、追求上进	73	74
人生的乐观态度	72	72
遵纪守法	72	72
艺术修养	68	69
乐于助人	67	68
包容精神	64	65
诚实守信	64	65
创新精神	59	60
关注社会	58	60
环境意识	58	59
没有任何帮助	5	5

图9-8　2022届高职艺术类专业毕业生大学期间的素养提升（多选）

资料来源：麦可思-中国2022届大学毕业生培养质量跟踪评价。

医学类专业在校期间遵纪守法、积极进取、乐观态度、职业道德方面提升更为明显。从数据来看，2022届高职医学类专业有96%的毕业生认为大学帮助自己获得了素养上的提升。其中，认为在校期间素养提升较高的方面

141

为"遵纪守法"(77%)、"积极努力、追求上进"(77%)、"人生的乐观态度"(74%)、"职业道德"(74%)。另外,"科学态度"和"关注社会"方面提升比例(均为58%)相对较低,相关专业可关注教学与实践活动对这类素养提升的支撑情况(见图9-9)。

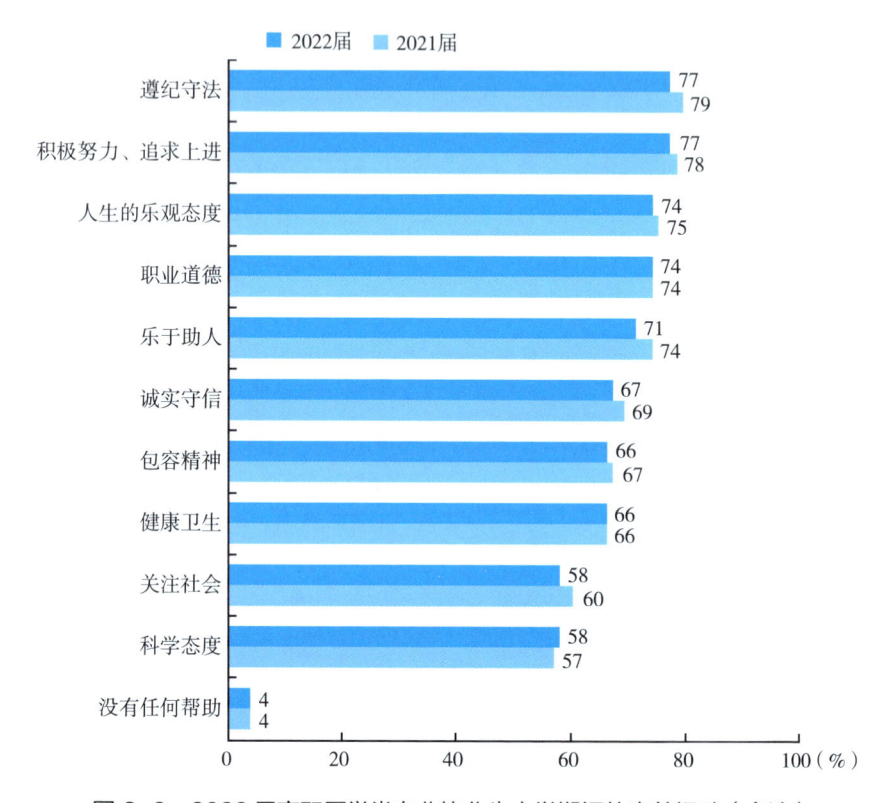

类别	2022届	2021届
遵纪守法	77	79
积极努力、追求上进	77	78
人生的乐观态度	74	75
职业道德	74	74
乐于助人	71	74
诚实守信	67	69
包容精神	66	67
健康卫生	66	66
关注社会	58	60
科学态度	58	57
没有任何帮助	4	4

图9-9　2022届高职医学类专业毕业生大学期间的素养提升(多选)

资料来源:麦可思-中国2022届大学毕业生培养质量跟踪评价。

商科类专业在校期间遵纪守法、积极进取、乐观态度方面提升更为明显。从数据来看,2022届高职商科类专业有96%的毕业生认为大学帮助自己获得了素养上的提升。其中,认为在校期间素养提升较高的方面为"遵纪守法"(76%)、"积极努力、追求上进"(76%)、"人生的乐观态度"(74%)。另外,

"商业道德"方面提升比例（52%）相对较低，相关专业可有针对性地强化学生的商业道德意识（见图9-10）。

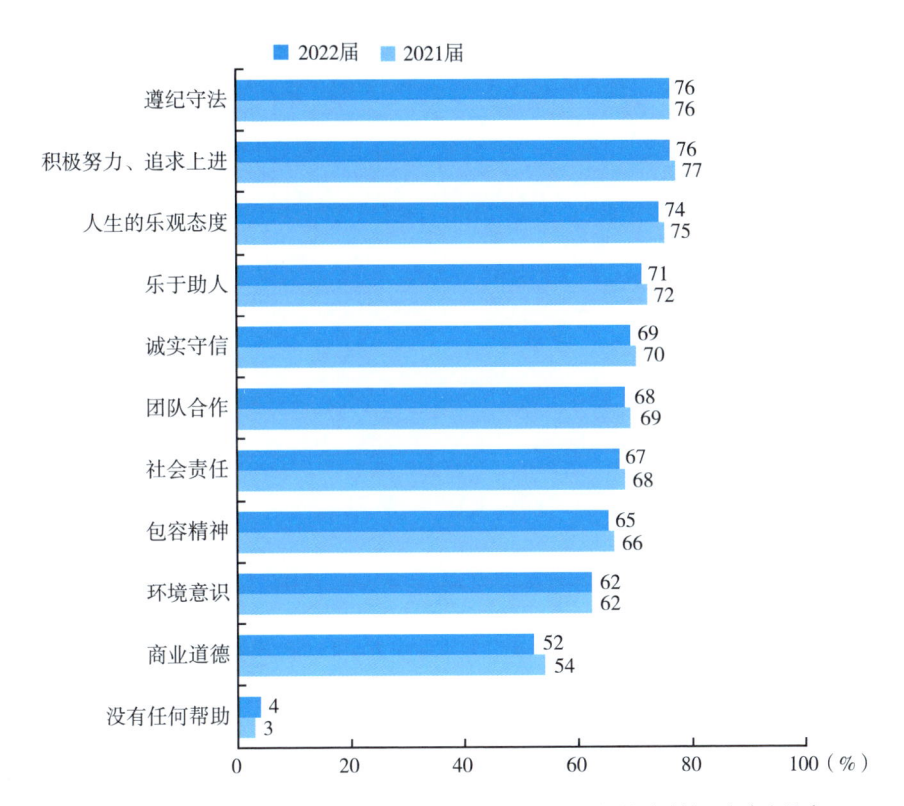

图 9-10　2022届高职商科类专业毕业生大学期间的素养提升（多选）

素养	2022届	2021届
遵纪守法	76	76
积极努力、追求上进	76	77
人生的乐观态度	74	75
乐于助人	71	72
诚实守信	69	70
团队合作	68	69
社会责任	67	68
包容精神	65	66
环境意识	62	62
商业道德	52	54
没有任何帮助	4	3

资料来源：麦可思-中国2022届大学毕业生培养质量跟踪评价。

其他类专业在校期间积极进取、乐观态度、遵纪守法方面提升更为明显。从数据来看，2022届高职其他类专业有96%的毕业生认为大学帮助自己获得了素养上的提升。其中，认为在校期间素养提升较高的方面为"积极努力、追求上进"（76%）、"人生的乐观态度"（74%）、"遵纪守法"（74%）（见图9-11）。

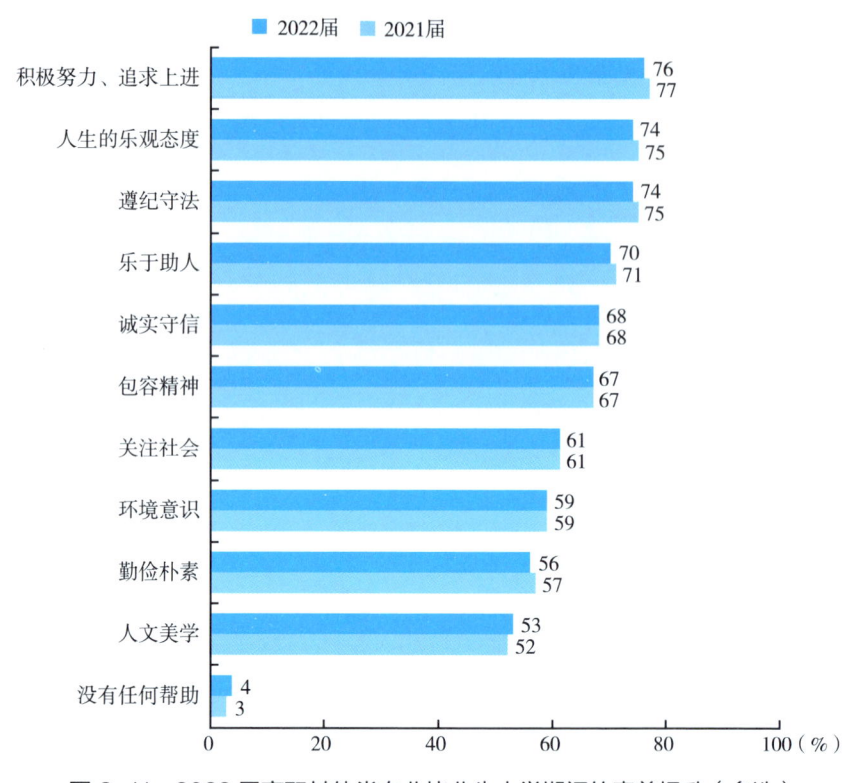

素养	2022届	2021届
积极努力、追求上进	76	77
人生的乐观态度	74	75
遵纪守法	74	75
乐于助人	70	71
诚实守信	68	68
包容精神	67	67
关注社会	61	61
环境意识	59	59
勤俭朴素	56	57
人文美学	53	52
没有任何帮助	4	3

图 9-11　2022 届高职其他类专业毕业生大学期间的素养提升（多选）

注：此处其他类专业是指高职除工程类、艺术类、医学类、商科类之外的专业。
资料来源：麦可思-中国 2022 届大学毕业生培养质量跟踪评价。

B.10
高职毕业生对学校的满意度分析

摘　要： 校友评价对高职院校改进教学、优化学生在校体验、提升办学水平具有重要参考作用。通过分析毕业生对在校期间各方面经历与体验的评价发现，毕业生对母校的总体满意度、教学满意度均稳中有升，与此同时校园内各项学习和生活设施对其成长成才的支撑力度稳步增强，反映学校整体教育教学和服务水平不断提升，高职教学工作不断优化。当然需要关注的是，面对新一代信息技术产业的不断发展和相应技术的快速迭代，相关专业的课程内容需及时更新以更好地适应外部发展变化的趋势；另外线上、线下相结合的求职服务模式也有待进一步完善以满足毕业生多样化、个性化求职与发展的需要。

关键词： 母校满意度　教学改进　校园环境支撑　高职生

一　对母校的总体满意度[①]

毕业生对母校的总体满意度稳中有升，可见毕业生对高等职业教育教学与服务水平进一步认可。从近五年的数据来看，毕业生对母校的总体满意度

[①] 对母校的总体满意度：由毕业生回答对母校的总体满意度，选项有"很满意""满意""不满意""很不满意""无法评估"共五项。其中，"满意""很满意"属于满意的范围，"不满意""很不满意"属于不满意的范围。对母校的总体满意度是回答满意范围的人数百分比，计算公式的分子是回答满意范围的人数，分母是回答不满意范围和满意范围的总人数。

从 2018 届的 90% 上升到 2022 届的 93%，五年内上升了 3 个百分点。从不同院校类型来看，"双高"院校毕业生对母校的总体满意度趋于稳定，非"双高"院校毕业生对母校的总体满意度稳步上升，与"双高"院校的差距逐渐缩小（见图 10-1、图 10-2）。

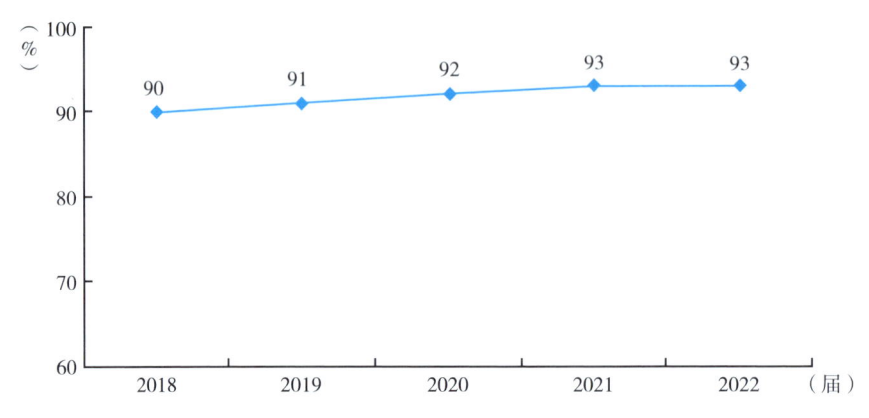

图 10-1　2018~2022 届高职毕业生对母校的总体满意度变化趋势

资料来源：麦可思－中国 2018~2022 届大学毕业生培养质量跟踪评价。

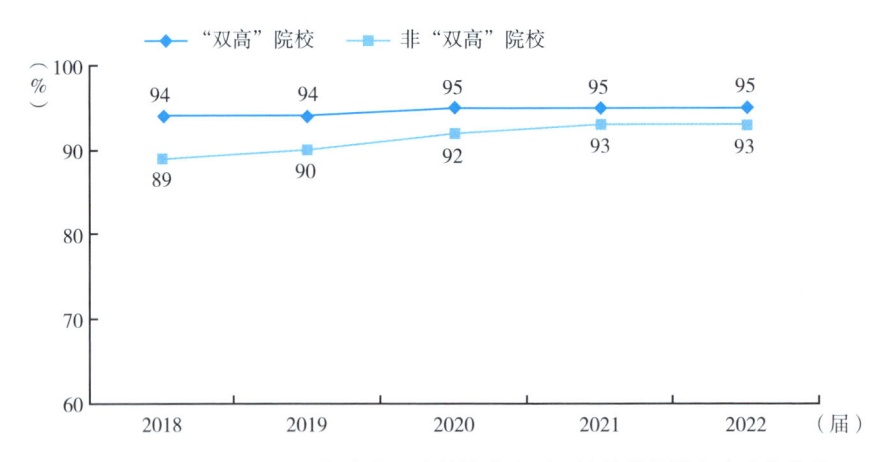

图 10-2　2018~2022 届各类高职院校毕业生对母校的总体满意度变化趋势

资料来源：麦可思－中国 2018~2022 届大学毕业生培养质量跟踪评价。

二 学生服务满意度

（一）教学满意度

教学满意度[①]稳中有升，教学工作不断优化。从近五年的数据来看，高职毕业生对母校教学的满意度呈上升趋势，由2018届的90%上升至2022届的93%。从不同院校类型来看，"双高"院校教学满意度更高，2022届为95%；非"双高"院校2022届为92%（见图10-3、图10-4）。

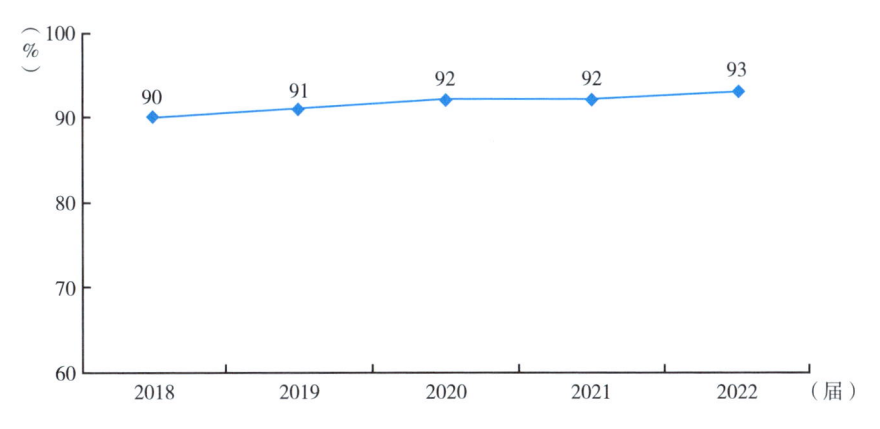

图10-3　2018~2022届高职毕业生对母校的教学满意度变化趋势

资料来源：麦可思－中国2018~2022届大学毕业生培养质量跟踪评价。

实践教学依然是高职教学工作重点改进的方面。当前高职教学不断完善，毕业生对母校教学各方面的改进需求相比往年普遍下降。具体来看，2022届有51%的毕业生认为"实习和实践环节不够"，较2021届（55%）下降了4个百分点；其后依次是"无法调动学生学习兴趣"（37%）、"课堂上让学生参与不够"（31%）等（见图10-5）。

[①] **教学满意度：** 由毕业生回答对母校的教学满意度，选项有"很满意""满意""不满意""很不满意""无法评估"共五项。其中，"满意""很满意"属于满意的范围，"不满意""很不满意"属于不满意的范围。教学满意度是回答满意范围的人数百分比，计算公式的分子是回答满意范围的人数，分母是回答不满意范围和满意范围的总人数。

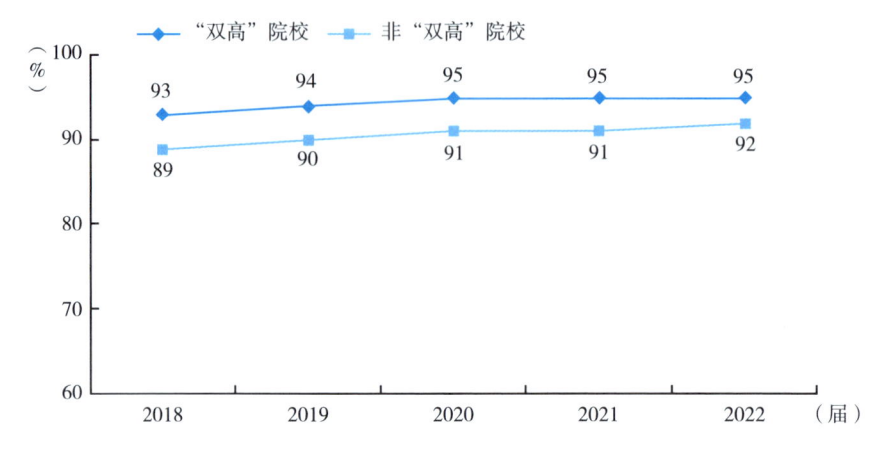

图10-4 2018~2022届各类高职院校毕业生对母校的教学满意度变化趋势

资料来源：麦可思－中国2018~2022届大学毕业生培养质量跟踪评价。

图10-5 2021届、2022届高职毕业生认为母校的教学需要改进的地方

资料来源：麦可思－中国2021届、2022届大学毕业生培养质量跟踪评价。

（二）核心课程评价

高职课程设置与实际工作岗位需求之间的匹配程度整体保持稳定。从近五年的数据来看，高职从事专业相关工作的毕业生对核心课程的重要度[①]评价基本持稳，2022届为89%。从不同院校类型来看，2022届"双高"院校和非"双高"院校毕业生对核心课程的重要度评价分别为88%、89%（见图10-6、图10-7）。

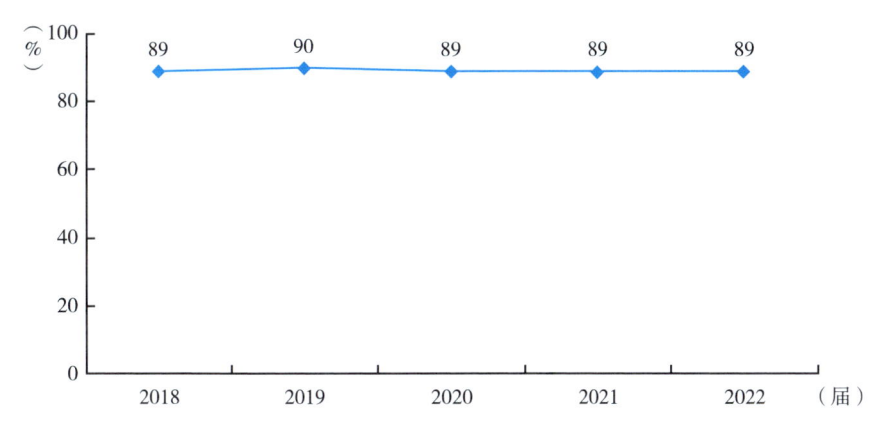

图 10-6 2018~2022 届高职工作与专业相关毕业生的核心课程重要度变化趋势

资料来源：麦可思-中国2018~2022届大学毕业生培养质量跟踪评价。

核心课程培养效果逐年提升。从近五年的数据来看，高职从事专业相关工作的毕业生对核心课程的满足度[②]评价稳步提升，从2018届的79%上升至2022届的88%，五年内上升了9个百分点。从不同院校类型来看，"双高"院校核心课程满足度从2018届的78%上升至2022届的88%，非"双高"院校

---

① **课程的重要度**：由从事专业相关工作的毕业生判定课程在自己的工作中是否重要。毕业生认为课程对工作的重要度评价分为"无法评估""不重要""有些重要""重要""非常重要""极其重要"，其中"有些重要""重要""非常重要""极其重要"属于重要的范围。

② **课程的满足度**：回答了课程"有些重要"到"极其重要"的毕业生会被要求回答课程训练是否满足工作要求，满足度指标是回答某课程能满足工作的百分比。计算公式的分子是回答"满足"的人数，分母是回答"满足"和"不满足"的总人数。

从 2018 届的 79% 上升至 2022 届的 88%，五年内分别上升了 10 个、9 个百分点（见图 10-8、图 10-9）。

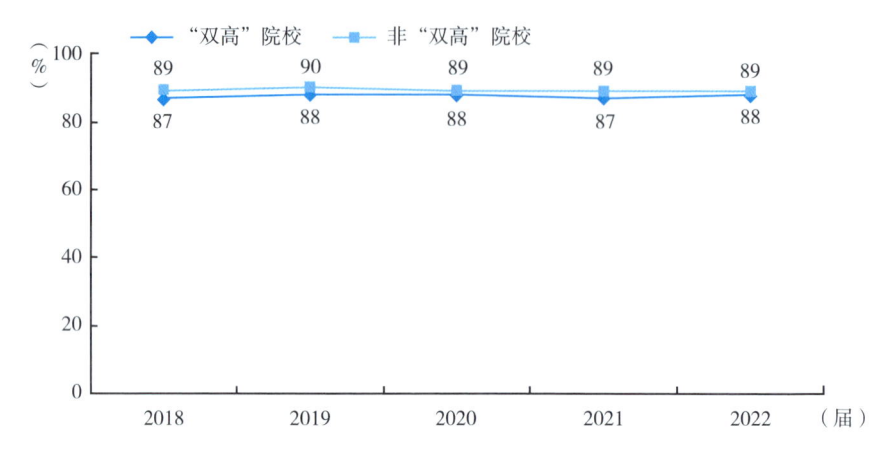

图 10-7　2018~2022 届各类高职院校工作与专业相关毕业生的核心课程重要度变化趋势

资料来源：麦可思 – 中国 2018~2022 届大学毕业生培养质量跟踪评价。

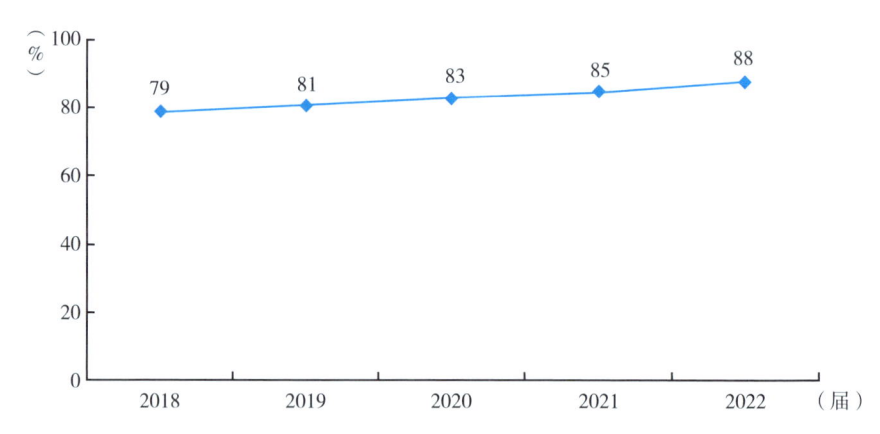

图 10-8　2018~2022 届高职工作与专业相关毕业生的核心课程满足度变化趋势

资料来源：麦可思 – 中国 2018~2022 届大学毕业生培养质量跟踪评价。

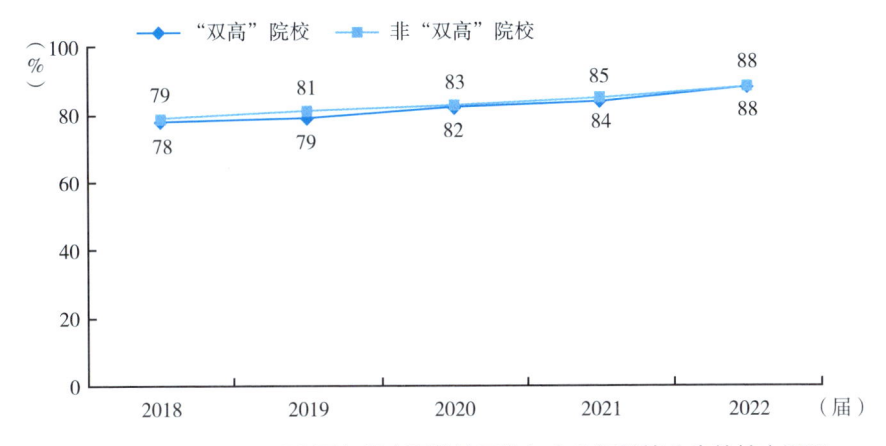

```
%
100
            "双高"院校      非"双高"院校
 80   79          81          83         85          88
      78          79          82         84          88
 60
 40
 20
  0
      2018        2019        2020       2021        2022    (届)
```

图 10-9　2018~2022 届各类高职院校工作与专业相关毕业生的核心课程
满足度变化趋势

资料来源：麦可思 - 中国 2018~2022 届大学毕业生培养质量跟踪评价。

从不同专业大类来看，医药卫生大类、教育与体育大类、公共管理与服务大类核心课程重要度及满足度均较高；电子信息大类核心课程重要度及满足度均相对较低。具体来看，医药卫生大类、教育与体育大类、公共管理与服务大类核心课程的重要度评价分别为 96%、95%、93%，满足度评价分别为 91%、94%、90%，核心课程设置及培养效果均较好；电子信息大类核心课程的重要度和满足度评价（分别为 80%、81%）均排名靠后（见图 10-10）。电子信息大类所面向的新一代信息技术产业发展较快，技术迭代较为频繁，课程内容设置需要及时更新以适应产业发展的趋势。

（三）师生交流频度

六成以上毕业生与任课教师课下交流频繁。具体来看，2022 届有 65% 的毕业生与任课教师"每周至少一次"或"每月至少一次"课下交流，其中"双高"院校毕业生与任课教师"每周至少一次"或"每月至少一次"课下交流的比例（66%）略高于非"双高"院校（64%）（见图 10-11）。师生互动是高职教法改革的重点之一，相关院校和专业可进一步完善相应机制，从而更好地促进师生之间的有效互动与交流。

就业蓝皮书·高职

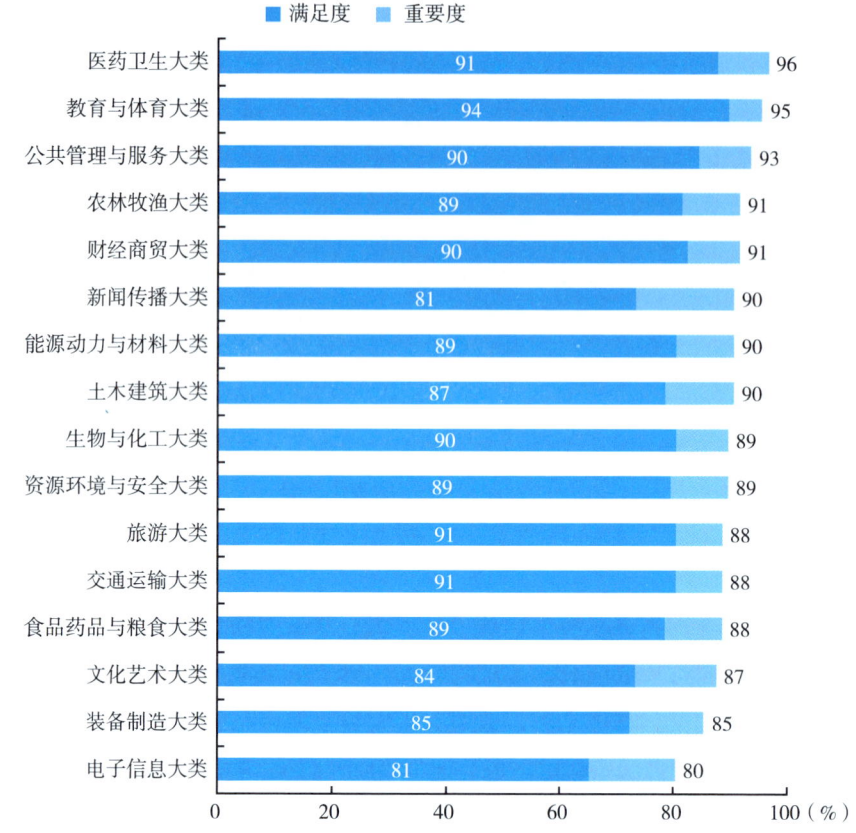

图 10-10 2022 届高职各专业大类工作与专业相关毕业生的核心课程重要度和满足度评价

专业大类	满足度	重要度
医药卫生大类	91	96
教育与体育大类	94	95
公共管理与服务大类	90	93
农林牧渔大类	89	91
财经商贸大类	90	91
新闻传播大类	81	90
能源动力与材料大类	89	90
土木建筑大类	87	90
生物与化工大类	90	89
资源环境与安全大类	89	89
旅游大类	91	88
交通运输大类	91	88
食品药品与粮食大类	89	88
文化艺术大类	84	87
装备制造大类	85	85
电子信息大类	81	80

注：个别专业大类因为样本较少，没有包括在内。
资料来源：麦可思－中国 2022 届大学毕业生培养质量跟踪评价。

从不同专业大类来看，与任课教师"每周至少一次"或"每月至少一次"课下交流比例较高的是资源环境与安全大类（70%）、能源动力与材料大类（70%）、装备制造大类（69%）、农林牧渔大类（69%），较低的是医药卫生大类（57%）（见图10-12）。

高职毕业生对学校的满意度分析

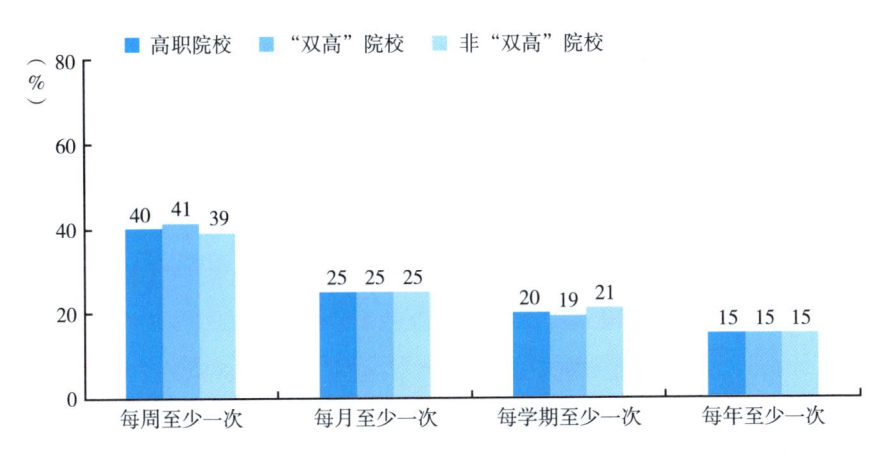

图 10-11　2022 届高职毕业生与任课教师课下交流程度

资料来源：麦可思－中国 2022 届大学毕业生培养质量跟踪评价。

（四）求职服务满意度

就业指导服务是高校学生服务工作的重要组成部分。数据显示，近年来高职院校就业指导工作成效显著，毕业生对学校就业指导服务的满意度[①]持续上升，就业指导工作开展效果不断增强。从近五年的数据来看，毕业生对学校就业指导服务的满意度由 2018 届的 85% 持续上升至 2022 届的 91%，五年内上升了 6 个百分点（见图 10-13）。

---

① 就业指导服务满意度：由毕业生回答对母校就业指导服务的满意度，选项有"很满意""满意""不满意""很不满意""无法评估"共五项。其中，"满意""很满意"属于满意的范围，"不满意""很不满意"属于不满意的范围。就业指导服务满意度是回答满意范围的人数百分比，计算公式的分子是回答满意范围的人数，分母是回答不满意范围和满意范围的总人数。

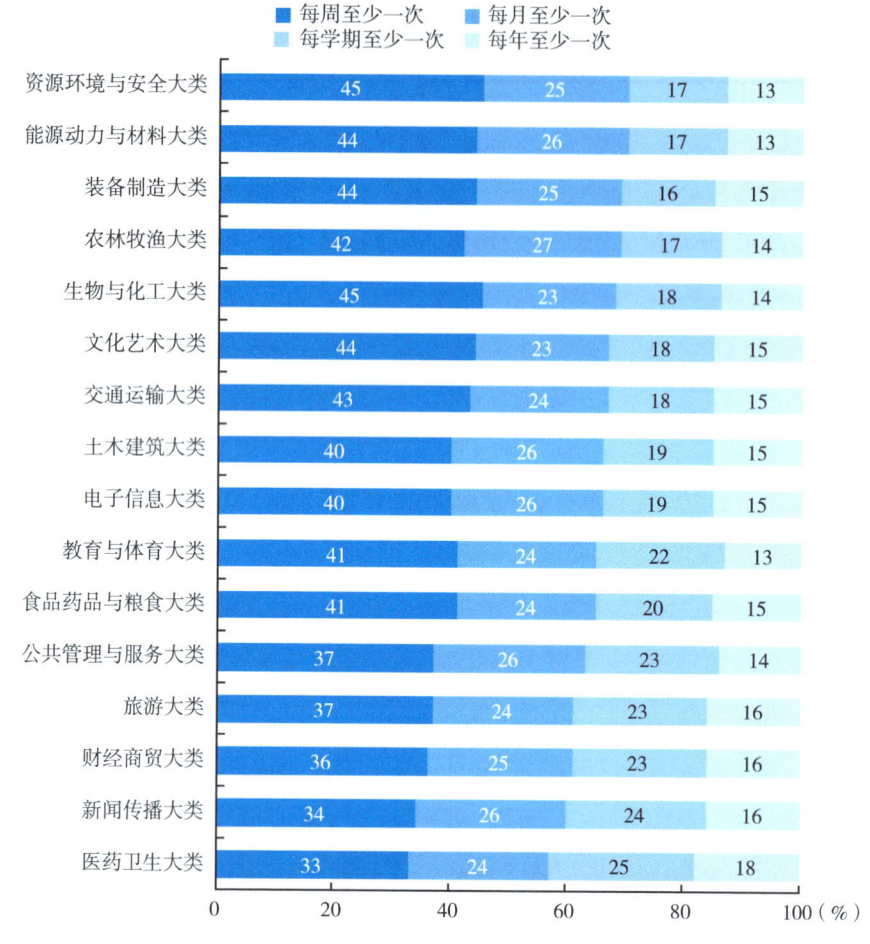

图例：每周至少一次　每月至少一次　每学期至少一次　每年至少一次

专业大类	每周至少一次	每月至少一次	每学期至少一次	每年至少一次
资源环境与安全大类	45	25	17	13
能源动力与材料大类	44	26	17	13
装备制造大类	44	25	16	15
农林牧渔大类	42	27	17	14
生物与化工大类	45	23	18	14
文化艺术大类	44	23	18	15
交通运输大类	43	24	18	15
土木建筑大类	40	26	19	15
电子信息大类	40	26	19	15
教育与体育大类	41	24	22	13
食品药品与粮食大类	41	24	20	15
公共管理与服务大类	37	26	23	14
旅游大类	37	24	23	16
财经商贸大类	36	25	23	16
新闻传播大类	34	26	24	16
医药卫生大类	33	24	25	18

图 10-12　2022 届高职各专业大类毕业生与任课教师课下交流程度

注：个别专业大类因为样本较少，没有包括在内。

资料来源：麦可思－中国 2022 届大学毕业生培养质量跟踪评价。

从不同院校类型来看，"双高"院校、非"双高"院校毕业生对就业指导服务工作的认可程度均呈现持续上升的趋势，且"双高"院校更高。2022届"双高"院校、非"双高"院校毕业生对就业指导服务的满意度分别达到93%、90%（见图 10-14）。

高职毕业生对学校的满意度分析

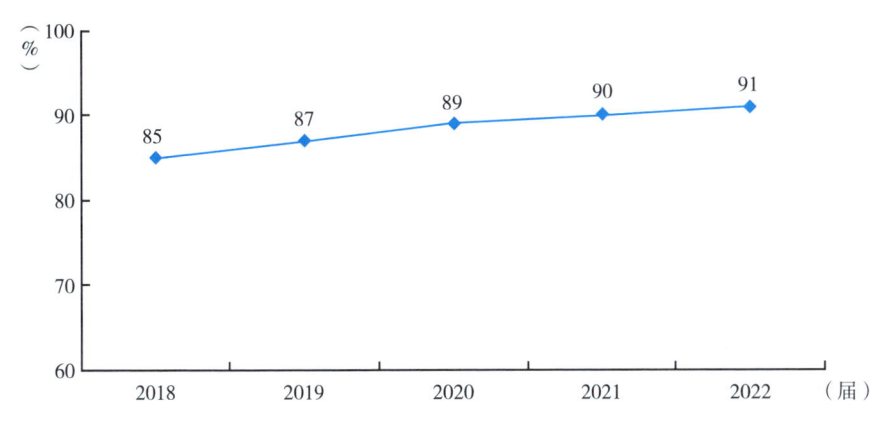

图 10-13 2018~2022 届高职毕业生对就业指导服务的满意度变化趋势

资料来源：麦可思－中国 2018~2022 届大学毕业生培养质量跟踪评价。

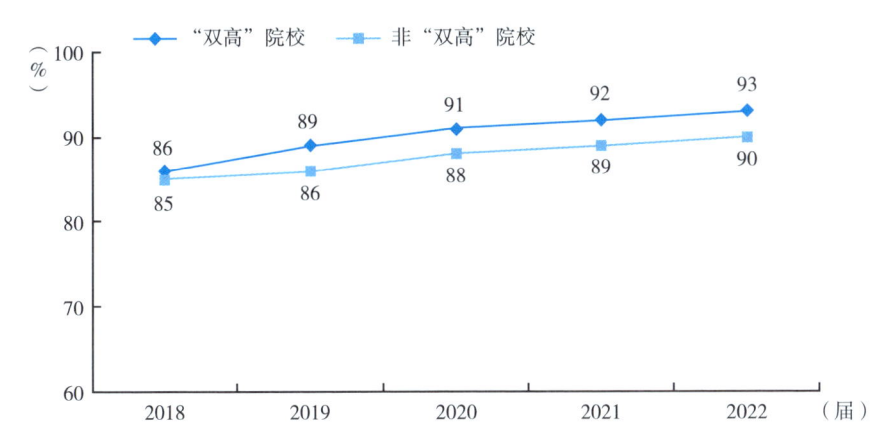

图 10-14 2018~2022 届各类高职院校毕业生对就业指导服务的满意度变化趋势

资料来源：麦可思－中国 2018~2022 届大学毕业生培养质量跟踪评价。

从学校开展的具体求职服务来看，八成以上（82%）毕业生接受过母校提供的求职服务。其中，参与最多的是"大学组织的线下招聘会"（51%），其后依次是"大学组织的线上招聘会"（35%）、"职业发展规划"（32%）等。从求职服务效果来看，毕业生对"辅导求职技能"的有效性评价（94%）最高，对"大学组织的线下招聘会""大学组织的线上招聘会"的有效性评价（均为 90%）相对较低（见图 10-15）。

155

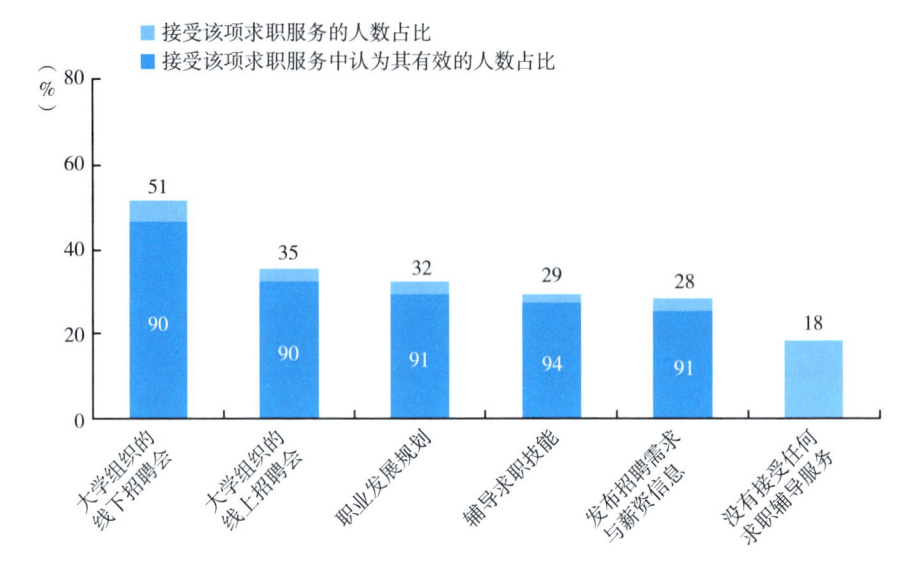

图 10-15　2022 届高职毕业生接受过求职服务的比例及有效性评价

资料来源：麦可思 - 中国 2022 届大学毕业生培养质量跟踪评价。

高校求职服务整体上得到了毕业生的基本认可，当然线上、线下相结合的求职服务模式可进一步完善，以不断拓展就业服务工作边界，从而更好地促进毕业生的就业落实与发展。

从毕业生获得第一份工作的渠道来看，有 25% 的高职毕业生通过"实习/顶岗实习"获得第一份工作，其次是"通过专业求职网站（包括 App、论坛、微信公众号等）"（22%）（见图 10-16）。

（五）学生工作满意度

毕业生对母校学生工作的满意度[①]呈上升趋势，育人工作效果不断增强。从近五年的数据来看，毕业生对学生工作的满意度由 2018 届的 87% 上升到了 2022 届的 92%，学生工作开展的效果进一步显现。从不同院校类型来看，"双

---

① 学生工作满意度：由毕业生回答对母校的学生工作满意度，选项有"很满意""满意""不满意""很不满意""无法评估"共五项。其中，"满意""很满意"属于满意的范围，"不满意""很不满意"属于不满意的范围。学生工作满意度是回答满意范围的人数百分比，计算公式的分子是回答满意范围的人数，分母是回答不满意范围和满意范围的总人数。

高职毕业生对学校的满意度分析

高"院校、非"双高"院校毕业生对母校学生工作的满意度均表现出持续上升的趋势，2022届分别达到93%、92%（见图10-17、图10-18）。

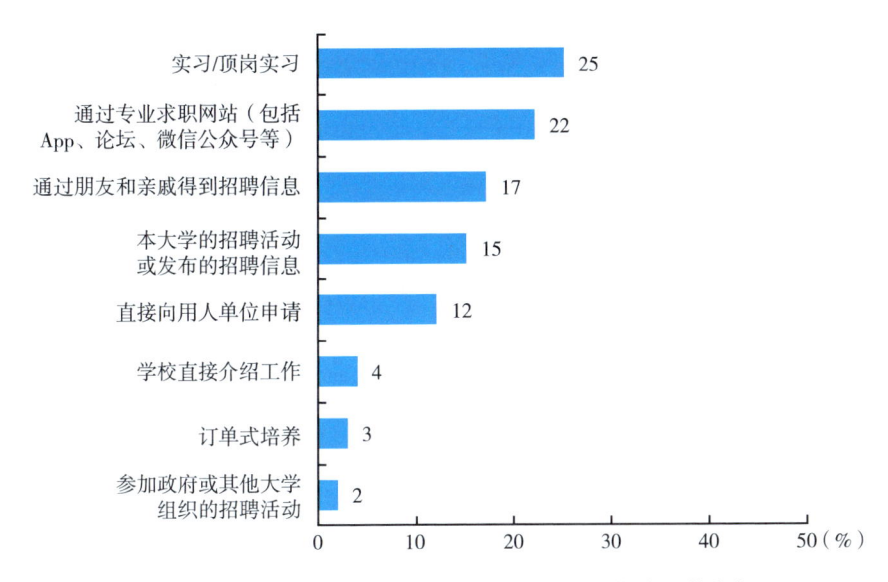

渠道	比例（%）
实习/顶岗实习	25
通过专业求职网站（包括App、论坛、微信公众号等）	22
通过朋友和亲戚得到招聘信息	17
本大学的招聘活动或发布的招聘信息	15
直接向用人单位申请	12
学校直接介绍工作	4
订单式培养	3
参加政府或其他大学组织的招聘活动	2

图10-16　2022届高职毕业生获得第一份工作的渠道分布

资料来源：麦可思-中国2022届大学毕业生培养质量跟踪评价。

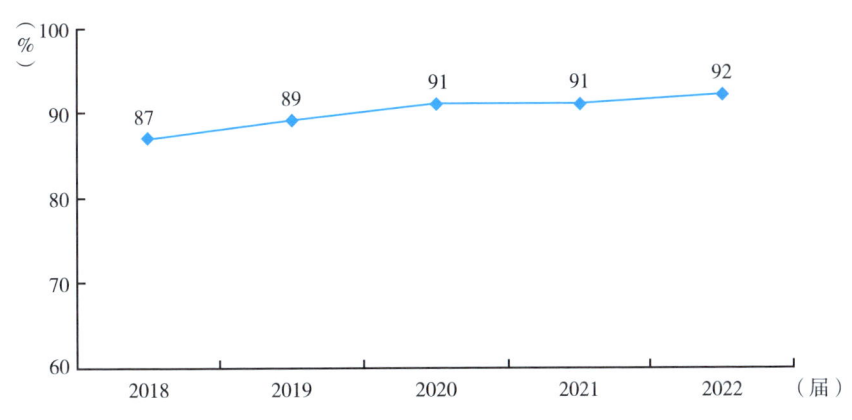

2018年：87；2019年：89；2020年：91；2021年：91；2022年：92

图10-17　2018~2022届高职毕业生对母校的学生工作满意度变化趋势

资料来源：麦可思-中国2018~2022届大学毕业生培养质量跟踪评价。

157

```
           "双高"院校      非"双高"院校
(%)
100
                                            92        93
 90        89        91
    87               91        91        92
    87      89
 80

 70

 60
    2018     2019     2020     2021     2022    (届)
```

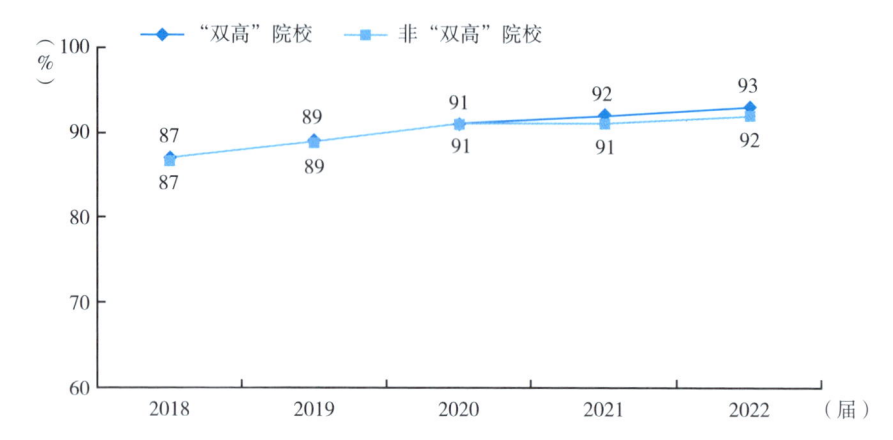

图 10-18　2018~2022 届各类高职院校毕业生对母校的学生工作满意度变化趋势

资料来源：麦可思 – 中国 2018~2022 届大学毕业生培养质量跟踪评价。

（六）校园环境支撑

校园内各项学习和生活设施为毕业生在读期间的成长成才提供了重要支撑。从近三年的数据来看，教室及教学设备对学生学习需求的满足度持续较高，2020~2022 届高职毕业生对其满足度评价均在 90% 以上；另外图书馆与图书资料、实验室及相关设备、计算机及校园网等信息化设备、艺术场馆、运动场等体育设施均持续改善，毕业生对上述设施的满足度评价均呈现逐年上升的趋势（见图 10-19）。

高职毕业生对学校的满意度分析

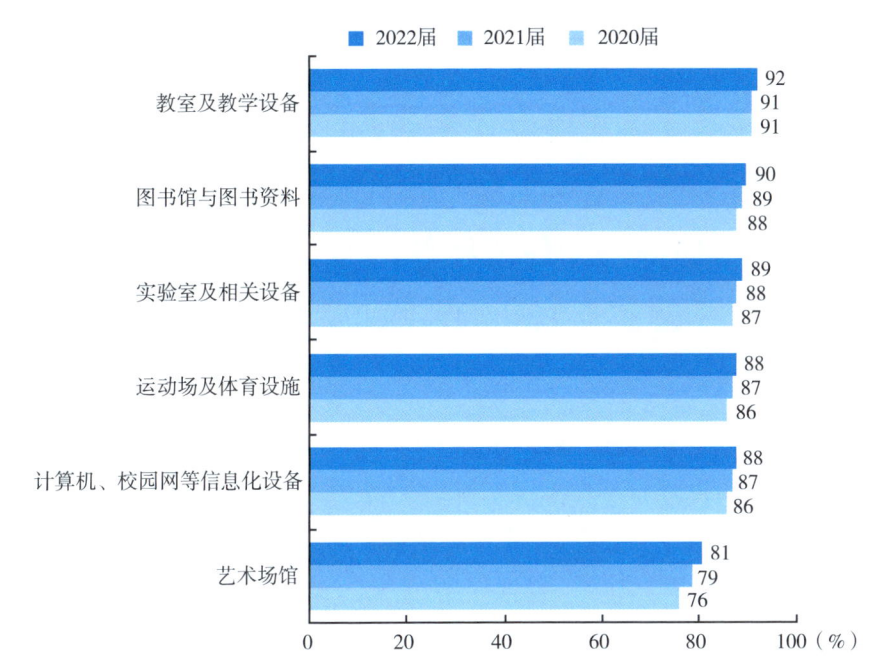

图 10-19 2020~2022届高职毕业生认为各项校园设施对自身学习需求的满足度

项目	2022届	2021届	2020届
教室及教学设备	92	91	91
图书馆与图书资料	90	89	88
实验室及相关设备	89	88	87
运动场及体育设施	88	87	86
计算机、校园网等信息化设备	88	87	86
艺术场馆	81	79	76

资料来源：麦可思-中国2020~2022届大学毕业生培养质量跟踪评价。

159

专题报告
Special Reports

B.11
扩招背景下高职生升本趋势和就业分析

摘　要： 自2020年专升本招生人数大幅扩招，至2022年高职毕业生升本比例已经达到20.1%。近五年数据显示，因就业难而选择升本的比例逐年提升，这反映出高职毕业生因为就业现状被迫选择升本的情况增加。从各专业大类来看，教育与体育大类、财经商贸大类、电子信息大类高职毕业生的升本比例连续三届保持前三位。进一步分析发现，较高的升学比例或与社会需求、区域经济发展水平或者从业门槛有关，上述三个升学比例较高的专业大类毕业生升本后面临的就业问题有所差异。当然，专升本群体知识技能与岗位要求错位的情况已有所显现，未来可对职业本科教育给予更多关注。

扩招背景下高职生升本趋势和就业分析

关键词： 专升本扩招　就业影响　职业本科教育　高职生

2020年，作为"稳就业"的重要举措之一，专升本大幅扩招，招生规模相比上一年增加了30余万人。此后专升本规模继续扩大，据教育部《2021年全国教育事业发展统计公报》，2021年普通高校专科起点本科招生达到71.77万人。专升本扩招让毕业生去向分流渠道进一步扩大，对就业起到了重要的缓冲作用。但是，专升本规模的扩大会给2~3年后的就业带来挑战，对滞后的就业压力需持续关注。

哪类专业应届高职毕业生升本比例更高？促使其升本的主要因素是什么？升本后的就业质量如何？本专题将通过分析应届高职升本人群的特点、升学比例较高专业就业状况等，展现当前高职毕业生的升本趋势和升本后可能面临的问题，从而为高职院校后续的就业指导和人才培养工作提供参考。

一　专升本在大幅扩招后增速逐渐放缓

专升本规模逐年扩大，"双高"院校升本比例更高。 近五年数据显示，应届高职毕业生升本比例从2018届的6.3%上升到2022届的20.1%，增加了2.19倍，主要变化在2020年专升本大幅扩招，使得2020届升本比例相比上一届翻了一番，后续2021、2022届升本比例继续保持稳步提升，但增长逐渐放缓。

从不同类型院校来看，"双高"院校应届高职毕业生的升本比例（2022届21.4%）高于非"双高"院校（2022届19.9%）（见图11-1）。从升本原因来看，因就业前景、就业困难选择升本的比例合计（2022届35%，2018届29%）上升了6个百分点，这反映出高职毕业生因为就业现状被迫选择升本的情况增加，升学更多地成为毕业生面对就业压力和求职迷茫时期的"安慰剂"。

图 11-1 2018~2022届不同类型院校高职毕业生升本比例变化趋势

资料来源：麦可思－中国2018~2022届大学毕业生培养质量跟踪评价。

教育与体育、财经商贸、电子信息大类升本比例较高。从各专业大类来看，教育与体育大类、财经商贸大类、电子信息大类高职毕业生的升本比例连续三届保持前三位，连续两届均超过20%，2022届分别达到23.7%、22.8%、22.1%（见表11-1）。

表 11-1 2018~2022届不同专业大类高职毕业生升本比例变化趋势

单位：%

高职专业大类名称	2022届	2021届	2020届	2019届	2018届
教育与体育大类	23.7	21.8	16.8	9.7	8.6
财经商贸大类	22.8	21.6	17.3	9.9	8.3
电子信息大类	22.1	20.2	15.8	7.8	6.2
新闻传播大类	20.6	18.7	13.2	6.8	5.6
食品药品与粮食大类	20.0	18.1	13.6	5.8	5.7
文化艺术大类	19.9	19.3	13.7	7.3	6.5
土木建筑大类	19.5	19.4	14.8	6.0	4.9
旅游大类	19.5	16.6	11.8	6.8	5.3
公共管理与服务大类	19.3	18.4	13.0	6.4	4.9
医药卫生大类	18.8	17.7	15.8	8.7	7.5

扩招背景下高职生升本趋势和就业分析

续表

高职专业大类名称	2022届	2021届	2020届	2019届	2018届
资源环境与安全大类	18.6	17.9	13.5	5.5	4.3
生物与化工大类	18.1	18.0	14.8	7.4	6.5
装备制造大类	17.7	16.4	12.3	5.5	4.9
农林牧渔大类	15.7	14.8	12.0	6.4	6.5
能源动力与材料大类	15.5	14.6	12.3	5.2	4.3
交通运输大类	13.9	13.8	12.1	5.3	4.8
全国高职	20.1	19.3	15.3	7.6	6.3

注：个别专业大类因为样本较少，没有包括在内。
资料来源：麦可思－中国2018~2022届大学毕业生培养质量跟踪评价。

教育与体育、财经商贸、电子信息大类的毕业生规模均较大，2022届分别占了全体高职毕业生总数的11.2%、17.5%、14.0%。这些专业毕业生选择专升本，既受到共性因素驱使（如所在区域的就业机会不足），同时也存在各自不同的情况。此外，学历提升对其就业的影响也存在差异，在各类高职专业中具有一定的代表性，以下我们将对其就业情况进行具体分析。

二 升本后的就业压力依然存在

（一）教育与体育大类：从业门槛、区域用人需求是影响升本的主要因素

小学教育专业升本比例明显更高，从业的学历门槛是促使其升本的主因。教育与体育大类下属专业中，学前教育、小学教育两个专业的毕业生规模均较大，在本专业大类中具有较强的代表性。其中，小学教育专业毕业生升本比例（2022届24.3%）明显高于学前教育专业（2022届18.6%）（见图11-2）。2021年发布的《中华人民共和国教师法（修订草案）（征求意见稿）》明确提出，"取得中小学教师资格，应当具备高等学校师范专业本科或者其他相关专业本科毕业及其以上学历，并获得相应学位"。小学教师学历门槛的提升促使更多相关专业高职毕业生选择升学。

图 11-2　2018~2022 届小学教育和学前教育专业高职毕业生升本比例变化趋势

资料来源：麦可思－中国 2018~2022 届大学毕业生培养质量跟踪评价。

在学前教育需求较大的地区，毕业生更倾向于直接就业。学前教育专业毕业生升本比例相对较低，特别是东部地区高职院校的学前教育专业，其升本比例（2022 届 12.1%）明显低于非东部地区（2022 届 20.8%），与此同时其毕业去向落实率（2022 届 89.2%）更高（见表 11-2）。结合学前教育专业的布点数分布可知，东部地区开设学前教育专业的高职院校约 30% 在广东省。广东是全国人口集中流入地，且根据广东省统计局发布的《2022 年广东省国民经济和社会发展统计公报》，广东已连续五年成为第一生育大省，学前教育需求较大，毕业生直接就业难度相对较小，升学意愿相对较弱。

表 11-2　不同地区学前教育专业 2022 届高职毕业生毕业去向落实率和升本比例

单位：%

不同地区	毕业去向落实率	升本比例
东部地区	89.2	12.1
非东部地区	88.0	20.8

资料来源：麦可思－中国 2022 届大学毕业生培养质量跟踪评价。

（二）财经商贸大类：受区域发展水平影响较大，同时面临入门级岗位需求饱和的问题

东部地区财经商贸大类毕业生直接就业的机会较多。财经商贸大类毕业生去向落实情况与所在区域的经济发展水平、贸易活力密切相关。东部地区整体发展水平较高，特别是其中的长三角、珠三角地区贸易活力较强，当地财经商贸大类毕业生毕业落实率（2022届88.2%）高于非东部地区（2022届87.1%），毕业生直接就业的机会相对较多，升本比例（2022届20.1%）相对较低（见表11-3）。

表11-3 不同地区财经商贸大类专业2022届高职毕业生毕业去向落实率和升本比例

单位：%

地　区	毕业去向落实率	升本比例
东部地区	88.2	20.1
非东部地区	87.1	23.8

资料来源：麦可思－中国2022届大学毕业生培养质量跟踪评价。

受入门级岗位需求饱和的影响，学历提升后依然存在较大就业压力。值得关注的是，即使在就业机会相对较多的东部地区，财经商贸大类毕业生升本比例也已达到两成，求职压力不容忽视。财经商贸大类主要面向零售、商务服务等领域，岗位以会计为主。当下这类入门级的岗位已出现需求饱和的情况，即使是同类专业的本科毕业生也面临较大的就业压力。

以财经商贸大类下属毕业生规模最大的会计专业为例，该专业毕业生升本比例已接近三成（2022届26.3%），续接的本科专业主要为会计学。然而，升学后面临的毕业去向落实压力也较大，近年来本科会计学专业应届毕业生毕业去向落实率下降较为明显（2018届91.9%，2022届82.9%），持续低于本科管理学门类平均水平（2018届93.6%，2022届85.3%），同时也低于高职会计专业（见图11-3）。

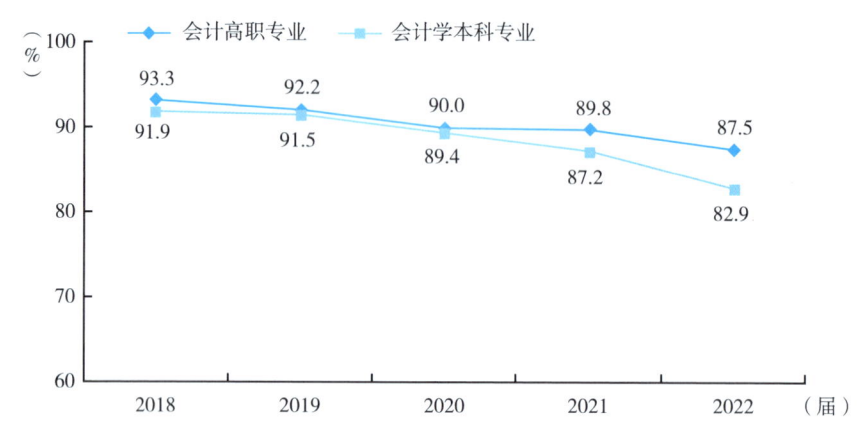

图 11-3　2018~2022 届会计高职和本科专业毕业生毕业去向落实率变化趋势

资料来源：麦可思 – 中国 2018~2022 届大学毕业生培养质量跟踪评价。

（三）电子信息大类：需关注毕业生因能力错位而导致竞争力不足的情况

在数字经济发达的东部地区，毕业生升本比例更低。 从不同地区来看，东部地区电子信息大类应届高职毕业生的直接就业比例（2022 届 67.1%）相对较高，毕业生升本比例（2022 届 19.8%）相对较低（见表 11-4），更多人选择直接就业。电子信息大类主要面向数字产业，东部地区数字经济较为发达，为毕业生提供的就业机会相对较多。

表 11-4　不同地区电子信息大类专业 2022 届高职毕业生直接就业和升本比例

单位：%

地　区	直接就业比例	升本比例
东部地区	67.1	19.8
非东部地区	64.0	23.0

资料来源：麦可思 – 中国 2022 届大学毕业生培养质量跟踪评价。

毕业生工作与专业相关度偏低，能力不足是其选择专业无关工作的重要原因。 值得关注的是，电子信息大类毕业生的工作与专业相关度整体偏低（2022 届 50%），低于高职平均（63%）13 个百分点。其中因达不到专业相关工作要求而选择与专业无关工作的比例（2022届24%）明显高于2022届全国高职平均比例（12%）（见图11-5）。另外，电子信息大类专升本群体在专业相关岗位的竞争力也不足，其本科毕业后从事专业相关工作的比例（2022届55%）明显低于地方本科院校同类专业应届毕业生（2022届75%）。

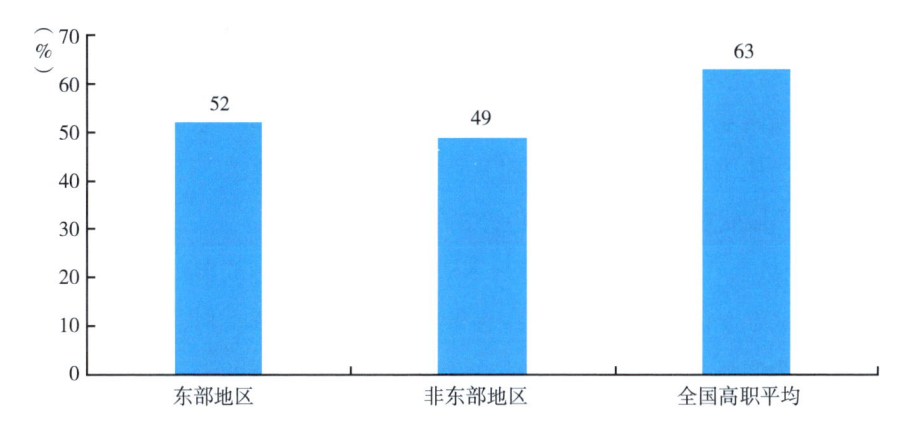

图 11-4 不同地区电子信息大类专业2022届高职毕业生工作与专业相关度

资料来源：麦可思-中国2022届大学毕业生培养质量跟踪评价。

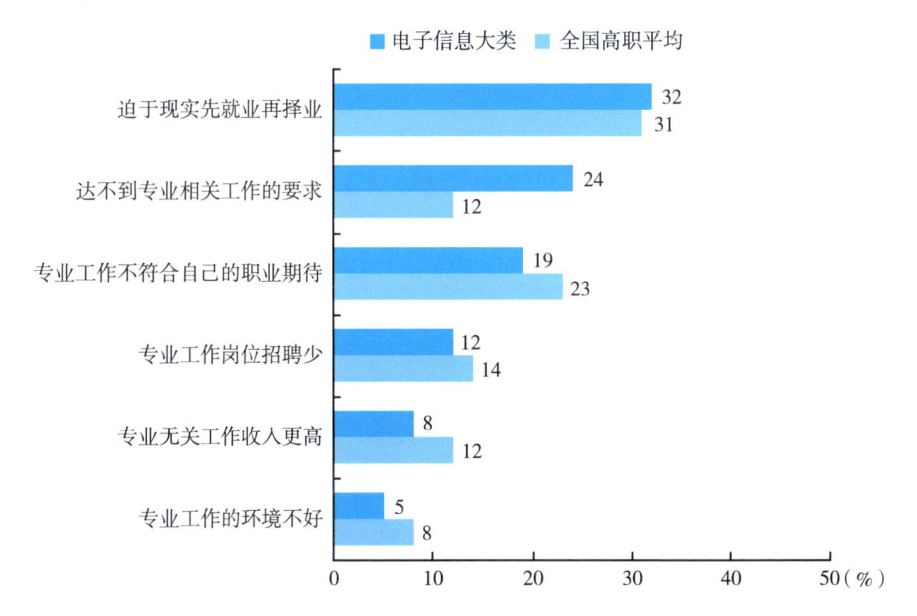

图 11-5 电子信息大类专业2022届高职毕业生选择与专业无关工作的原因

资料来源：麦可思-中国2022届大学毕业生培养质量跟踪评价。

不同层次毕业生在数字产业的分工不断细化，专升本群体面临"双向挤压"。以电子信息大类下属规模最大的计算机类专业为例，这类专业主要服务面向数字技术应用领域（以信息传输、软件和信息技术服务业为代表）以及数字产品制造领域（以电子电气设备制造业为代表），不同层次毕业生在上述领域的就业比例呈现较为明显的分层。

● **在数字技术应用领域，高职、本科毕业生均面临更大的就业竞争压力。**伴随着互联网业务、岗位的调整优化，大数据、云计算、人工智能、信息安全等新兴岗位占比不断上升，这对从业者提出了更高要求，计算机类专业研究生在该领域就业的比例有上升趋势。

● **在数字产品制造领域，专升本毕业生培养目标达成与岗位要求之间存在错位。**地方本科院校应届毕业生在数字产品制造领域就业比例较高，且上升趋势较为明显；应届高职毕业生在该领域就业的比例也在上升；而专升本毕业生在该领域就业的比例逐年下降，这也在一定程度上反映出专升本毕业生的知识技能与岗位要求之间存在错位，尚不能充分适应产业发展的需要。

表 11-5 计算机类专业服务的主要领域对于不同学历层次人才的需求变化

单位：%

行业类名称	不同学历层次毕业生	2022届	2021届	2020届
信息传输、软件和信息技术服务业	应届高职毕业生	23.2	23.5	25.0
	专升本毕业生	30.6	31.8	30.2
	地方本科院校应届毕业生	39.1	41.8	41.5
	应届硕士毕业生	48.8	48.2	47.0
电子电气设备制造业	应届高职毕业生	9.5	8.9	7.7
	专升本毕业生	6.5	7.0	9.3
	地方本科院校应届毕业生	15.2	11.3	9.7
	应届硕士毕业生	13.0	11.9	12.6

注：专升本毕业生、应届硕士毕业生样本来源分别为2017~2019年毕业后读本科、读研的应届高职、本科毕业生，麦可思对这类群体进行了毕业三年后的再次跟踪评价，以了解其学历提升后的就业情况。

资料来源：麦可思－中国2017~2019届大学毕业生三年后职业发展跟踪评价，麦可思－中国2020~2022届大学毕业生培养质量跟踪评价。

随着高端产业的不断发展与传统产业数字化、智能化升级的持续推进，相关领域知识技术的密集程度不断提升，对高素质复合型技术技能人才的需求不断增大。与此同时，产业升级和需求细化对不同层次技术技能人才也提出了不同要求。在这一背景下，技术技能人才的培养需要进一步兼顾"学术标准"与"职业标准"，职业教育层次需要进一步延伸，职业本科教育或将成为更多高职毕业生的选择方向。

三 启示：稳步推进职业本科教育

有业内专家曾撰文指出，出于高职教育和本科教育的教学侧重点不同、教育类型不同、组织管理制度不同等原因，高职学生专升本仍存在学习内容与考试内容衔接不畅等问题。浙江大学国家制度研究院特约研究员阙明坤曾在媒体访谈中指出，"一些普通本科高校没有衔接专、本两个阶段人才培养的方案，沿用原有本科人才培养模式，使得这些专升本学生在本科阶段学习时'水土不服'"。[1] 高等职业教育作为我国高等教育的一种类型，其主要目的是培养高素质技术技能人才，实践教学是其不可或缺的重要环节。但专升本侧重考察基础课与专业课，学生升本到普通本科院校可能意味着脱离了高职教育的轨道[2]，转向普通本科教育，与职业教育旨在培养多样化高素质技术技能人才的办学宗旨不能匹配，因此在一定程度上影响了高职教育的良性发展[3]。

应届高职毕业生升本比例不断上升，一方面可能是受扩招政策影响的结果，另一方面也显示出在就业压力加剧的情况下，高职生对于提升学历和就业竞争力的意愿加强。从高等教育的长远发展方向来看，发展职业本科是完善高职学历提升体系、建立现代职教体系的重要路径，其意义在于贯彻职业教育宗旨的同时，打通职业教育的升学通道，有助于增强职业教育适应性，

---

[1] 陈鹏、邱渝茜：《普通本科高校陆续停招专升本，考生该往哪走？》，《光明日报》2023年4月20日。
[2] 刘海蓉：《高职"专升本"制度探究》，《长沙民政职业技术学院学报》2012年第4期。
[3] 劳赐铭：《高职学生专升本存在的问题、原因分析与对策》，《教育与职业》2022年第16期。

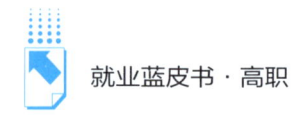

让其毕业生更高质量更充分就业。

截至 2022 年 12 月，全国共有 32 所学校参与职业本科试点。教育部统计公报数据显示，2021 年全国职业本科招生 4.14 万人，比 2020 年增长 7.66%。职业本科在校生有 12.93 万人，比上年增加 5.59 万人，增长 76.16%。目前职业本科试点在全国各个省份的分布呈多点布局、全面推进趋势，学校类型覆盖理工、综合、艺术、医药、财经、语言六个类别，专业大类也已基本覆盖。随着越来越多普通本科院校停止专升本招生，职业本科或将迎来发展契机。但在此过程中需要注意的是，职业教育本科也应该坚持培养产业一线高端技术技能型人才的办学方向，形成自己的教育特色，在教育内涵、培养方式上进行深入探索[①]。

---

① 郭建如：《职业教育本科的相关争议探析——兼论高等教育双轨体系构建与职业教育本科的发展空间》，《职业技术教育》2020 年第 30 期。

B.12
面对产业需求和区域发展的专业调整分析

摘　要： 高职新增专业聚焦产业需求和区域发展。通过对2021、2022年新增布点高职专业分析发现，新增布点较多的是面向先进制造业、现代服务业及数字产业的专业。"双高"院校增设新版《职业教育专业目录（2021）》新设的专业较多。计算机类是新增布点较多的高职专业，但数据显示，计算机类专业教学特别是核心课程设置方面，需要重点关注。撤销专业主要基于与地区产业的匹配度，结合产业升级要求调整专业结构。如广东省新能源和智能汽车相关专业布点数在2022年已反超传统汽车类专业布点，以匹配该地区对于智能汽车的发展规划。

关键词： 专业结构优化　产业需求　就业质量　教学质量

　　国家"十四五"规划提到，要"增强职业技术教育适应性"，同时称"实施现代职业技术教育质量提升计划，建设一批高水平职业技术院校和专业，稳步发展职业本科教育"[①]。增强适应性是促进职业教育高质量发展的关键所在，而提高职业教育的适应性，重在优化结构和布局，主动适应区域经济和产业发展。

　　2021年3月，《职业教育专业目录（2021）》（以下简称《目录》）正式发布。

---

① 《中华人民共和国国民经济和社会发展第十四个五年规划和2035年远景目标纲要》，中国政府网，2021-03-13。

就业蓝皮书·高职

《教育部关于印发〈职业教育专业目录（2021年）〉的通知》（以下简称《通知》）明确提到，按照"十四五"国家经济社会发展和2035年远景目标对职业教育的要求，在科学分析产业、职业、岗位、专业关系的基础上对接现代产业体系，在服务产业基础高级化、产业链现代化的基础上，对高职专业目录进行了修订。保留的专业主要是符合产业人才需求实际、职业成熟稳定、专业布点较广、就业面向明确、名称科学合理以及特种行业领域专业；专业调整的情形主要是：适应经济社会发展新变化新增专业，根据产业转型升级更名专业，根据业态或岗位需求变化合并专业，对不符合市场需求的专业予以撤销。《通知》也提到，各省级教育行政部门要依照《目录》和办法，结合区域经济社会高质量发展需求合理设置专业，并做好国家控制布点专业的设置管理工作。

以下分析将基于调整后的2021、2022年高职专业布点变化情况，增加和减少布点数量较多专业的就业状况和教学反馈等，展现其优化调整与社会需求、就业质量、教学等方面的关系，从而为高校专业调整优化提供思路。

一 增设专业：聚焦产业需求和区域发展

高职专业布点变化是职业教育服务经济社会发展的重要观测点。深化职业教育供给侧结构性改革，提高职业教育适应性，需重点加强高职专业建设。

（一）支撑产业发展需求增设专业

2022年2月，教育部在推动现代职业教育高质量发展有关工作的介绍中强调，教育部将加强重点领域技术技能人才供给，会同有关部门围绕先进制造业、新一代信息技术、新能源、新材料等战略性新兴产业、新型基础设施建设，"双碳""一老一少"服务等人才紧缺领域，分领域、分区域调动一批产业链上、中、下游企业和职业院校深度合作，实施专项培养，深入探索中国特色学徒制，为现代产业体系建设输送高素质产业工匠。相关专业布点增

面对产业需求和区域发展的专业调整分析

加或与地区加强面向先进制造业和现代服务业培养高素质技能人才有关[1]。

现代产业体系相关专业是高校增设焦点。为适应产业发展和社会需求，各地区高校也对专业布点进行了优化。数据显示，2021、2022年高职院校专业布点总计新增2462个。其中，增设较多的主要是智能网联汽车技术、人工智能技术应用、汽车检测与维修技术等面向先进制造业和数字产业的专业，以及网络营销与直播电商、电子商务、婴幼儿托育服务与管理等面向现代服务业的专业（见表12-1）。

"双高"院校增设新版《目录》新设专业较多。从"双高"院校专业布点来看，增设较多的专业中智能网联汽车技术、智能建造技术、工业互联网应用、数字化设计与制造技术、供应链运营5个专业均是新版《目录》中新增的专业。其中，智能网联汽车技术、智能建造技术专业排在"双高"院校增设专业布点数量的前两位。

表12-1　2021、2022年高职院校布点数增加较多的前20位专业

单位：个

全国高职院校		"双高"院校	
专业名称	增加布点数量	专业名称	增加布点数量
智能网联汽车技术	93	智能网联汽车技术	24
网络营销与直播电商	92	智能建造技术	17
学前教育	76	跨境电子商务	14
人工智能技术应用	69	汽车检测与维修技术	14
汽车检测与维修技术	68	计算机网络技术	11
电子商务	62	电子商务	11
婴幼儿托育服务与管理	57	软件技术	10
大数据技术	55	数字媒体技术	10
机电一体化技术	51	工业互联网应用	10
数字化设计与制造技术	50	数字化设计与制造技术	10
计算机应用技术	50	人工智能技术应用	10

[1] 《教育部召开新闻发布会介绍推动现代职业教育高质量发展有关工作情况》，中国政府网，2022-02-23。

续表

全国高职院校		"双高"院校	
专业名称	增加布点数量	专业名称	增加布点数量
智能建造技术	49	旅游管理	9
大数据与会计	49	网络营销与直播电商	9
工业互联网应用	47	智能控制技术	9
信息安全技术应用	46	虚拟现实技术应用	8
数字媒体技术	45	物联网应用技术	8
护理	45	供应链运营	8
跨境电子商务	44	新能源汽车技术	8
新能源汽车技术	43	工业互联网技术	8
软件技术	42	无人机应用技术	8

资料来源：2021、2022年高等职业教育专科专业设置备案和审批结果。

（二）服务地区发展增设专业

支持地区发展是专业增设基础。有专家曾在《中国科学报》撰文指出，专业调整应同时聚焦需求侧与供给侧。近年来，许多省份教育主管部门也就当地学科专业调整策略和要求进行了明确。高职专业布点多体现地区产业特色，旨在促进区域发展。从各省份新增专业布点来看，近两年江西、广东专业布点数量增加较多（见表12-2）。江西省在装备制造大类、电子与信息大类、财经商贸大类、医药卫生大类的专业布点数增加较多，这与《江西省"2+6+N"产业高质量跨越式发展行动计划（2019-2023年）》中提到"大力培育新兴产业链，重点打造半导体照明、中医药、通用航空、移动物联网、VR、人工智能、节能环保等高成长性、高技术含量的新兴产业链"相匹配。广东省医药卫生大类专业新增布点相对较多，其中以医学技术类为主（见表12-3），或与地区要加强医疗卫生服务能力有关。《广东省医疗卫生服务体系"十四五"规划》提出"到2025年，基本建成能有效应对重大疫情和突发公共卫生事件、基本满足公共安全形势需要的强大公共卫生体系"，并要求"加快建成院校教育、毕业后教育和继续教育三阶段有机衔接的特色医学人才培养培训体系"[①]。

表12-2 各省（区、市）高职院校2021、2022年布点变化情况

单位：个

省份名称	2022年	2021年	两年变化
江西	3029	2630	399
广东	4887	4541	346
福建	2197	1952	245
河南	4751	4531	220
黑龙江	1478	1279	199
山东	3362	3177	185
重庆	1823	1658	165
辽宁	1534	1431	103
四川	3236	3136	100
云南	1686	1591	95
陕西	1686	1598	88
浙江	1930	1854	76
江苏	3715	3643	72
山西	1533	1469	64
海南	513	449	64
宁夏	306	250	56
新疆	947	904	43
湖北	2268	2240	28
北京	698	671	27
安徽	3582	3562	20
吉林	1346	1328	18
新疆	180	162	18
湖南	2102	2084	18
天津	697	680	17

① 广东省卫生健康委员会、广东省发展改革委：《广东省医疗卫生服务体系"十四五"规划》，2022-11-04。

续表

省份名称	2022年	2021年	两年变化
青海	217	201	16
广西	1634	1622	12
上海	677	668	9
西藏	52	44	8
内蒙古	1257	1253	4
甘肃	1127	1174	−47
贵州	1010	1081	−71
河北	2567	2702	−135

资料来源：2021、2022年高等职业教育专科专业设置备案和审批结果。

表12-3　江西、广东省2021、2022年新增布点较多专业所属的前5位专业大类

单位：个

省份名称	专业大类名称	2022年	2021年	两年变化
江西	装备制造大类	397	401	64
	电子与信息大类	407	410	61
	财经商贸大类	366	391	50
	医药卫生大类	193	197	35
	文化艺术大类	202	209	32
广东	财经商贸大类	741	749	60
	电子与信息大类	696	709	52
	文化艺术大类	406	439	50
	医药卫生大类	242	316	49
	装备制造大类	518	526	32

资料来源：2021、2022年高等职业教育专科专业设置备案和审批结果。

（三）增设专业的关键特征

通过梳理部分省（区、市）学科专业优化调整文件我们发现，专业的社会需求、就业质量、教学水平等是调整优化高校学科专业需要考虑的重要方

面对产业需求和区域发展的专业调整分析

面。下文以高职院校 2022 年专业布点数接近 8000 个、新增布点数也较多的装备制造大类专业为例，进一步分析新增布点较多的专业体现出来的关键特征。

● 就业：装备制造大类专业就业质量持续提升，其中的高水平专业[①]优势明显

"双高计划"致力于打造技术技能人才培养高地，持续提高人才培养质量，为国家产业转型升级提供高素质技术技能人才支撑。"以就业为导向"是职业教育人才培养的出发点，毕业生的就业质量是技术技能人才培养效果的重要体现。通过对比装备制造大类中的高水平专业和其他专业就业情况可见，装备制造大类 2020~2022 届高职毕业生的就业满意度、月收入和工作与专业相关度指标均呈现持续增长趋势，尤其是工作与专业相关度指标在全国高职整体稳定（近三届均为 63%）的情况下，装备制造大类保持持续增长态势。其中，装备制造大类中的高水平专业在就业满意度、月收入和工作与专业相关度指标上均表现出相比其他专业的优势（见表 12-4）。

表 12-4 装备制造大类近三届高职毕业生就业情况

单位：元，%

就业指标	对比群体	2022届	2021届	2020届
就业满意度	高水平专业	75	72	69
	其他专业	74	70	67
月收入	高水平专业	5253	5116	4810
	其他专业	5035	4863	4627
工作与专业相关度	高水平专业	66	63	62
	其他专业	60	56	53

资料来源：麦可思－中国 2020~2022 届大学毕业生培养质量跟踪评价。

● 培养：装备制造大类专业教学质量持续增长

课程是教学的核心要素，课程质量关乎整体的教学质量。装备制造大类

[①] 高水平专业指"双高计划"第一轮建设单位名单中 253 个专业群的核心专业（如"机电一体化技术专业群"的核心专业为"机电一体化技术"），相比未入选"双高计划"的同专业（统称其他专业）而言。

177

专业应届高职毕业生对核心课程的重要度评价持续提升，同时课程的教学效果也进一步满足了毕业生相关工作需求（见表12-5）。装备制造大类中高水平专业的课程建设成效与其他专业相比持续较高，对于培养产业升级所需的高素质技术技能人才支撑力度更大。核心课程设置较为匹配产业发展需求，且教学质量方面持续取得较好成效，有助于在专业数量增加的情况下保障专业人才培养质量。

表 12-5　装备制造大类近三届高职毕业生教学情况

单位：%

教学指标	对比群体	2022届	2021届	2020届
课程重要度	高水平专业	88	87	86
	其他专业	86	85	84
课程满足度	高水平专业	87	85	82
	其他专业	84	81	78

资料来源：麦可思－中国2020~2022届大学毕业生培养质量跟踪评价。

（四）关注布点增多专业与教学、产业不匹配情况

计算机类近两年新增布点数量位列第一，增设较多的是人工智能技术应用、信息安全技术应用、计算机应用技术、数字媒体技术、大数据技术、云计算技术应用等专业，服务于人工智能、大数据、云计算等领域，以推动数字化升级改造。

从毕业生培养反馈来看，35%的计算机类专业2022届高职毕业生认为教学需要改进的方面是课程内容不实用或陈旧，该比例高出2022届高职平均（27%）8个百分点（见表12-6）。课程出了问题，教学质量就难以保障。同时，计算机类专业2022届的高职毕业生对课程的重要度和满足度评价（课程重要度80%，课程满足度83%）也明显低于全国高职平均（课程重要度89%，课程满足度88%）（见表12-7），显示计算机类专业教学，特别是核心课程设置和教学质量方面，需要重点关注。对于这类专业，需要进一步

面对产业需求和区域发展的专业调整分析

深化校企协同育人工作，共同编制反映企业生产实际，且融入新技术、新工艺、新规范的课程教材内容，并落实定期修订机制，来解决教材内容陈旧、更新速度慢的问题，提升专业人才培养对于地方产业发展的契合度。

表 12-6 计算机类专业 2022 届高职毕业生教学改进需求分布

单位：%

教学改进项	计算机类	高职平均
实习和实践环节不够	50	51
无法调动学生学习兴趣	38	37
课程内容不实用或陈旧	35	27
课堂上让学生参与不够	32	31
多媒体、网络教学效果不好	24	26
课程考核方式不合理	19	19

资料来源：麦可思－中国 2022 届大学毕业生培养质量跟踪评价。

表 12-7 计算机类专业 2022 届高职毕业生对核心课程的评价

单位：%

核心课程评价	课程重要度	课程满足度
计算机类	80	83
高职平均	89	88

资料来源：麦可思－中国 2022 届大学毕业生培养质量跟踪评价。

特别是在中、西部地区，计算机类专业人才培养与产业匹配度需进一步提升。中、西部地区计算机类专业布点明显增多，但数据显示，中、西部地区高职院校计算机类专业 2022 届高职毕业生的工作与专业相关度为 49%，低于东部地区（53%）（见表 12-8），这表明中、西部地区虽在强化计算机类专业人才培养，但由于专业匹配岗位少或培养质量不足导致无法胜任的情况更多，相关专业培养环节对毕业生就业的支撑作用相比东部地区仍偏弱，和地方产业发展之间的匹配程度仍需进一步提升。

179

表 12-8　不同地区计算机类专业 2022 届高职毕业生的工作与专业相关度以及对课程的评价

单位：%

对比群体	工作与专业相关度	课程重要度	课程满足度
东部地区院校计算机类专业	53	83	83
中、西部地区院校计算机类专业	49	79	82

资料来源：麦可思－中国 2022 届大学毕业生培养质量跟踪评价。

二　撤销专业：围绕地区产业优化专业结构

（一）围绕产业升级，逐步调整传统专业

近两年专业布点数减少最多的专业为汽车制造与试验技术，与该专业同属于汽车制造类专业的汽车电子技术也在减少较多的前 10 位中（见表 12-9），以上两个专业偏向于传统的汽车制造产业。《中华人民共和国 2022 年国民经济和社会发展统计公报》显示，2022 年全国新能源汽车产量 700.3 万辆，比上年增长 90.5%。随着新能源汽车产业的蓬勃发展，目前高职院校的汽车制造类专业也在往服务新能源汽车产业需求的方向转型，智能网联汽车技术、新能源汽车技术专业布点数增设较多，这也是高职院校在适应产业升级下做出的专业调整。

表 12-9　2021、2022 年布点数减少较多的前 10 位高职专业

单位：个

专业名称	2022年	2021年	两年变化
汽车制造与试验技术	679	717	-38
汽车技术服务与营销	368	399	-31
模具设计与制造	287	315	-28
国际商务	117	139	-22
建筑智能化工程技术	149	170	-21
汽车电子技术	143	163	-20

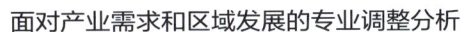

续表

专业名称	2022年	2021年	两年变化
连锁经营与管理	152	171	−19
机械设计与制造	216	234	−18
应用电子技术	342	359	−17
国际经济与贸易	252	269	−17

资料来源：2021、2022年高等职业教育专科专业设置备案和审批结果。

从汽车制造类专业布点相对较多的河南、江苏、安徽和广东省数据来看，传统汽车类专业2021、2022年均出现布点数下降的情况，而新能源和智能汽车相关专业均出现布点数上升的现象。尤其是广东省新能源和智能汽车相关专业布点在2022年已反超传统汽车类专业，调整力度相对较大（见表12-10）。在2020年的《广东省建设国家数字经济创新发展试验区工作方案》中也特别提到"打造以智能网联汽车为核心的新一代汽车产业生态。推进车载高精度传感器、车规级芯片、智能操作系统、车载智能终端、高精度地图以及高精度定位系统等产品的研发和产业化，培育一批全国领先的解决方案和产品供应商"，相关专业的结构调整也匹配广东省对于新能源和智能汽车产业的发展规划。

表12-10 主要省份汽车制造类专业布点数变化

单位：个

省份	归类	2022年	2021年	两年变化
河南	传统汽车类专业	77	83	−6
	新能源和智能汽车相关专业	69	60	9
江苏	传统汽车类专业	71	81	−10
	新能源和智能汽车相关专业	44	38	6
安徽	传统汽车类专业	62	67	−5
	新能源和智能汽车相关专业	38	34	4
广东	传统汽车类专业	46	55	−9
	新能源和智能汽车相关专业	52	39	13

资料来源：2021、2022年高等职业教育专科专业设置备案和审批结果。

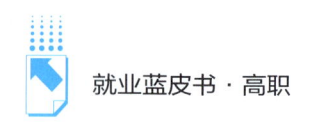

（二）关注部分布点减少专业的教学问题

如撤销数量较多的模具设计与制造，该专业2022届高职毕业生中，仅80%认为其核心课程重要，该比例低于机械设计制造类2022届高职毕业生的平均水平（84%），且其核心课程满足度（84%）也低于机械设计制造类平均（86%）。另一个撤销布点数量较多的专业——机械设计与制造显示出同样的特征（见表12-11）。这意味着相关课程设置存在一定问题，需要面向社会和产业需求修订人才培养方案和课程设置，以适应产业发展的趋势。

表12-11 部分机械设计制造类专业2022届高职毕业生对课程的评价

单位：%

核心课程评价	课程重要度	课程满足度
模具设计与制造	80	84
机械设计与制造	81	84
机械设计制造类平均	84	86

资料来源：麦可思－中国2022届大学毕业生培养质量跟踪评价。

三 启示：高校专业调整如何落实

麦可思研究院在国内率先提出"红黄绿牌"专业理念，已连续10余年根据失业量、毕业去向落实率、薪资和就业满意度等就业指标，综合评价筛选出需求增长型和预警专业，并通过《中国大学生就业报告》进行发布。经统计，近五年被列为绿牌高职专业次数最多的是道路桥梁工程技术、发电厂及电力系统、社会体育、铁道工程技术、铁道机车（均为4次）（见表12-12）。这些专业多与轨道交通、基础设施建设有关，相关产业的稳定发展为毕业生带来了相对更多的就业机会，让其就业优势显现。

面对产业需求和区域发展的专业调整分析

表 12-12 近五年高职绿牌专业

2023年	2022年	2021年	2020年	2019年
铁道机车	铁道机车	铁道机车	铁道机车	电气化铁道技术
铁道工程技术	铁道工程技术	铁道供电技术	铁道工程技术	社会体育
石油化工技术	铁道供电技术	铁道工程技术	社会体育	软件技术
发电厂及电力系统	社会体育	社会体育	电力系统继电保护与自动化技术	电力系统自动化技术
应用化工技术	发电厂及电力系统	电力系统继电保护与自动化技术	移动互联应用技术	发电厂及电力系统
道路桥梁工程技术	道路桥梁工程技术	道路桥梁工程技术	发电厂及电力系统	道路桥梁工程技术
			物联网应用技术	

资料来源：麦可思–中国 2018~2022 届大学毕业生培养质量跟踪评价。

在近五年列为预警专业次数最多的是法律事务、语文教育（均为5次），其后是小学教育、英语教育（均为4次）（见表12-13）。进一步细看这些专业所属专业大类，近五年进入预警专业名单的专业共9个，其中6个为教育与体育大类专业，需要加以重点关注。

表 12-13 近五年高职预警专业

2023年	2022年	2021年	2020年	2019年
小学教育	数学教育	英语教育	法律事务	语文教育
数学教育	小学教育	小学教育	语文教育	英语教育
法律事务	英语教育	烹调工艺与营养	烹调工艺与营养	法律事务
英语教育	语文教育	语文教育	小学教育	汉语
语文教育	法律事务	法律事务	导游	初等教育

资料来源：麦可思–中国 2018~2022 届大学毕业生培养质量跟踪评价。

不过需要注意的是，绿牌和预警专业反映的是该专业的全国总体情况，各省（区、市）、各高校情况可能会有差别，不能一概而论。

高职院校的专业优化调整需兼顾产业和区域发展需求，持续推动人才供需的动态平衡。首先，需要分析学校对应产业、区域发展以及用人单位的人

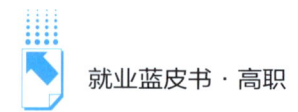

才需求趋势，了解产业的发展以及人才需求情况，强调专业结构与产业结构联动发展；其次，需在综合考虑学校的办学定位和特色、教学和就业质量等多方面因素的情况下，重点考察专业人才培养结果，关注毕业生就业和职业发展相关指标，对本校各专业的综合表现进行分析。相关分析可作为专业分类管理、优化资源配置和统筹发展方向的依据，以此推动专业设置、课程内容、教学方式与生产实践对接，推进产教融合、校企合作的应用型人才和技术技能人才培养模式，以最终实现提升职业教育适应性的目标。

附　录　技术报告

一　数据介绍

（一）评价覆盖面

2023年度麦可思-全国大学毕业生跟踪评价分为以下三类。

1. 2022届高职生毕业半年后培养质量的跟踪评价，于2023年3月初完成，全国高职生样本为14.7万人。覆盖了582个高职专业；覆盖了全国31个省、自治区和直辖市；覆盖了高职毕业生从事的559个职业、331个行业。

2. 麦可思曾对2019届大学毕业生进行毕业半年后培养质量的跟踪评价（2020年初完成，全国高职生样本约14.8万人）[①]，2022年底对此全国样本进行了三年后的再次跟踪评价，全国高职生样本约3.1万人。覆盖了536个高职专业；覆盖了全国30个省、自治区和直辖市；覆盖了高职毕业生从事的583个职业、322个行业。

3. 麦可思曾对2017届大学毕业生进行毕业半年后、三年后的跟踪评价，2022年底对此全国样本进行了五年后的第三次跟踪评价，旨在通过更长的时间跨度观察毕业生的发展变化，全国高职生样本约1.6万人。覆盖了全国29个省、自治区和直辖市。

（二）评价对象

毕业半年后（2022届）、三年后（2019届）和五年后（2017届）的高职毕业生：包括"双高"院校、非"双高"院校的毕业生。

---

① 王伯庆主编《2020年中国高职生就业报告》，社会科学文献出版社，2020。

（三）评价方式

分别向毕业半年后的 2022 届大学毕业生、毕业三年后的 2019 届大学毕业生和毕业五年后的 2017 届大学毕业生以电子邮件方式发放答题邀请函、问卷客户端链接，三类评价的问卷不同。答卷人回答问卷，答题时间为 10～30 分钟。

二 研究概况

（一）研究目的

1. 了解高职毕业生的就业状态及就业质量，发现满足社会需求方面存在的问题；
2. 了解高职毕业生的升学、灵活就业以及未就业的状况；
3. 了解高职毕业生的行业职业变迁、晋升、薪资增长情况；
4. 了解高职毕业生对母校的满意程度以及反馈。

（二）研究样本

本研究需提醒读者注意以下几点：

1. 答题通过电子问卷客户端实现，未被邀请的答题被视为无效。
2. 本研究对答题和未答题的样本进行了检验，没有发现存在自我选择性样本偏差问题（Self-selection Bias）[①]。
3. 对于样本中与实际比例的明显差异可能带来的统计误差，本研究采用权数加以修正（即对回收的全国总样本，基于学历、地区、院校类型、专业的实际分布比例进行再抽样）。再抽样后的样本分布与实际分布见附表1至附表6，高职毕业生的实际分布比例来自中华人民共和国国家统计局网站。

[①] 自我选择性样本偏差问题：是指调查中存在某类群体选择答题的概率和其他群体有明显不同。例如，可能存在就业的毕业生更容易选择参与答题，而没有就业的学生可能不愿意参加答题等。

附录 技术报告

附表1 2022届各区域高职毕业生样本人数分布与实际人数分布对比

单位：%

各区域	2022届高职毕业生样本人数比例	2022届高职毕业生实际人数比例
东部地区	35.3	35.3
中部地区	29.0	29.4
西部地区	28.2	27.8
东北地区	7.5	7.5

资料来源：麦可思-中国2022届大学毕业生培养质量跟踪评价，中华人民共和国国家统计局。

附表2 2022届各省份高职毕业生样本人数分布与实际人数分布对比

单位：%

省份	2022届高职毕业生样本人数比例	2022届高职毕业生实际人数比例
北京	<1.0	0.5
天津	1.7	1.3
河北	5.0	5.0
山西	1.8	2.2
内蒙古	1.8	1.4
辽宁	4.6	3.7
吉林	1.7	1.7
黑龙江	1.1	2.1
上海	1.0	1.0
江苏	5.5	5.6
浙江	3.5	3.5
安徽	4.7	4.7
福建	2.9	2.9
江西	4.4	4.4
山东	8.0	8.5
河南	8.6	8.6
湖北	4.5	4.5
湖南	5.1	5.1
广东	6.2	6.2
广西	4.5	4.5

续表

省份	2022届高职毕业生样本人数比例	2022届高职毕业生实际人数比例
海南	<1.0	0.7
重庆	2.8	3.1
四川	5.5	5.2
贵州	3.0	3.0
云南	3.2	3.2
西藏	<1.0	0.1
陕西	3.7	3.5
甘肃	1.8	1.7
青海	<1.0	0.2
宁夏	<1.0	0.4
新疆	1.5	1.5

注：表中样本人数比例小于1.0%的数值均用"<1.0"表示，下同。
资料来源：麦可思－中国2022届大学毕业生培养质量跟踪评价，中华人民共和国国家统计局。

附表3　2022届各专业大类高职毕业生样本人数分布与实际人数分布对比

单位：%

高职专业大类	2022届高职毕业生样本人数比例	2022届高职毕业生实际人数比例
财经商贸	17.5	17.5
电子信息	14.4	14.1
教育与体育	11.8	11.2
医药卫生	11.0	13.5
装备制造	10.7	10.2
土木建筑	8.2	7.8
交通运输	6.9	7.2
文化艺术	5.2	4.8
旅游	3.2	3.1
农林牧渔	2.2	2.1
公共管理与服务	1.5	1.3
资源环境与安全	1.4	1.4

续表

高职专业大类	2022届高职毕业生样本人数比例	2022届高职毕业生实际人数比例
食品药品与粮食	1.3	1.5
生物与化工	1.2	0.8
能源动力与材料	1.2	1.0
新闻传播	<1.0	0.8
公安与司法	<1.0	1.0
水利	<1.0	0.3
轻工纺织	<1.0	0.4

资料来源：麦可思-中国2022届大学毕业生培养质量跟踪评价，中华人民共和国国家统计局。

附表4　2019届各区域高职毕业生毕业三年后样本人数分布与实际人数分布对比

单位：%

各区域	2019届高职生毕业三年后样本人数比例	2019届高职毕业生实际人数比例
东部地区	36.6	36.6
中部地区	30.4	30.3
西部地区	26.7	26.8
东北地区	6.3	6.3

资料来源：麦可思-中国2019届大学毕业生三年后职业发展跟踪评价，中华人民共和国国家统计局。

附表5　2019届各省份高职生毕业三年后样本人数分布与实际人数分布对比

单位：%

省份	2019届高职生毕业三年后样本人数比例	2019届高职毕业生实际人数比例
北京	<1.0	0.7
天津	1.7	1.6
河北	5.7	5.1
山西	2.4	2.4
内蒙古	1.3	1.7
辽宁	3.5	2.6

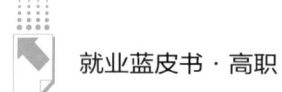

续表

省份	2019届高职生毕业三年后样本人数比例	2019届高职毕业生实际人数比例
吉林	2.1	1.6
黑龙江	<1.0	2.1
上海	1.5	1.3
江苏	6.1	5.4
浙江	2.1	3.3
安徽	3.9	4.3
福建	2.3	2.3
江西	5.3	4.7
山东	8.0	8.5
河南	7.8	8.6
湖北	5.5	5.2
湖南	5.5	5.1
广东	7.7	7.7
广西	3.9	3.9
海南	<1.0	0.7
重庆	2.5	2.7
四川	6.7	5.7
贵州	2.8	3.1
云南	1.7	2.3
西藏	<1.0	0.1
陕西	2.9	3.6
甘肃	2.1	1.6
青海	1.3	0.3
宁夏	<1.0	0.4
新疆	1.1	1.4

资料来源：麦可思－中国2019届大学毕业生三年后职业发展跟踪评价，中华人民共和国国家统计局。

附　录　技术报告

附表6　2019届各专业大类高职生毕业三年后样本人数分布与实际人数分布对比

单位：%

高职专业大类	2019届高职生毕业三年后样本人数比例	2019届高职毕业生实际人数比例
财经商贸	22.1	21.2
电子信息	12.4	11.9
装备制造	12.0	11.5
医药卫生	8.9	12.4
土木建筑	8.1	7.8
教育与体育	7.9	10.2
交通运输	6.4	6.1
文化艺术	6.2	4.8
旅游	3.5	3.4
资源环境与安全	2.0	1.2
农林牧渔	1.8	1.7
食品药品与粮食	1.7	1.6
新闻传播	1.6	0.9
公安与司法	1.3	1.4
能源动力与材料	1.3	1.1
公共管理与服务	<1.0	1.0
生物与化工	<1.0	0.9
水利	<1.0	0.4
轻工纺织	<1.0	0.5

资料来源：麦可思－中国2019届大学毕业生三年后职业发展跟踪评价，中华人民共和国国家统计局。

致　谢

《2023 年中国高职生就业报告》是麦可思出版的第 15 部《中国高职生就业报告》，本报告进一步对内容、结构、体例做出完善，以数据和图表来呈现分析结果，读者可以从自己的专业角度对某一数据或图表背后的因果关系进行深度解读。

特别感谢帮助完善本年度报告的高等教育管理者和研究者，在此不一一具名。报告中所有的错误由作者负责。感谢读者阅读本报告。限于篇幅，报告仅提供部分数据，如需了解更详细的内容，请联系作者（research@mycos.com）。

权威报告·连续出版·独家资源

皮书数据库
ANNUAL REPORT(YEARBOOK) DATABASE

分析解读当下中国发展变迁的高端智库平台

所获荣誉

- 2020年，入选全国新闻出版深度融合发展创新案例
- 2019年，入选国家新闻出版署数字出版精品遴选推荐计划
- 2016年，入选"十三五"国家重点电子出版物出版规划骨干工程
- 2013年，荣获"中国出版政府奖·网络出版物奖"提名奖
- 连续多年荣获中国数字出版博览会"数字出版·优秀品牌"奖

皮书数据库

"社科数托邦"微信公众号

成为用户

登录网址www.pishu.com.cn访问皮书数据库网站或下载皮书数据库APP，通过手机号码验证或邮箱验证即可成为皮书数据库用户。

用户福利

- 已注册用户购书后可免费获赠100元皮书数据库充值卡。刮开充值卡涂层获取充值密码，登录并进入"会员中心"—"在线充值"—"充值卡充值"，充值成功即可购买和查看数据库内容。
- 用户福利最终解释权归社会科学文献出版社所有。

数据库服务热线：400-008-6695
数据库服务QQ：2475522410
数据库服务邮箱：database@ssap.cn
图书销售热线：010-59367070/7028
图书服务QQ：1265056568
图书服务邮箱：duzhe@ssap.cn

社会科学文献出版社 皮书系列
卡号：782226942831
密码：

S 基本子库
SUB DATABASE

中国社会发展数据库（下设12个专题子库）

紧扣人口、政治、外交、法律、教育、医疗卫生、资源环境等12个社会发展领域的前沿和热点，全面整合专业著作、智库报告、学术资讯、调研数据等类型资源，帮助用户追踪中国社会发展动态、研究社会发展战略与政策、了解社会热点问题、分析社会发展趋势。

中国经济发展数据库（下设12专题子库）

内容涵盖宏观经济、产业经济、工业经济、农业经济、财政金融、房地产经济、城市经济、商业贸易等12个重点经济领域，为把握经济运行态势、洞察经济发展规律、研判经济发展趋势、进行经济调控决策提供参考和依据。

中国行业发展数据库（下设17个专题子库）

以中国国民经济行业分类为依据，覆盖金融业、旅游业、交通运输业、能源矿产业、制造业等100多个行业，跟踪分析国民经济相关行业市场运行状况和政策导向，汇集行业发展前沿资讯，为投资、从业及各种经济决策提供理论支撑和实践指导。

中国区域发展数据库（下设4个专题子库）

对中国特定区域内的经济、社会、文化等领域现状与发展情况进行深度分析和预测，涉及省级行政区、城市群、城市、农村等不同维度，研究层级至县及县以下行政区，为学者研究地方经济社会宏观态势、经验模式、发展案例提供支撑，为地方政府决策提供参考。

中国文化传媒数据库（下设18个专题子库）

内容覆盖文化产业、新闻传播、电影娱乐、文学艺术、群众文化、图书情报等18个重点研究领域，聚焦文化传媒领域发展前沿、热点话题、行业实践，服务用户的教学科研、文化投资、企业规划等需要。

世界经济与国际关系数据库（下设6个专题子库）

整合世界经济、国际政治、世界文化与科技、全球性问题、国际组织与国际法、区域研究6大领域研究成果，对世界经济形势、国际形势进行连续性深度分析，对年度热点问题进行专题解读，为研判全球发展趋势提供事实和数据支持。

法律声明

"皮书系列"（含蓝皮书、绿皮书、黄皮书）之品牌由社会科学文献出版社最早使用并持续至今，现已被中国图书行业所熟知。"皮书系列"的相关商标已在国家商标管理部门商标局注册，包括但不限于LOGO（ ）、皮书、Pishu、经济蓝皮书、社会蓝皮书等。"皮书系列"图书的注册商标专用权及封面设计、版式设计的著作权均为社会科学文献出版社所有。未经社会科学文献出版社书面授权许可，任何使用与"皮书系列"图书注册商标、封面设计、版式设计相同或者近似的文字、图形或其组合的行为均系侵权行为。

经作者授权，本书的专有出版权及信息网络传播权等为社会科学文献出版社享有。未经社会科学文献出版社书面授权许可，任何就本书内容的复制、发行或以数字形式进行网络传播的行为均系侵权行为。

社会科学文献出版社将通过法律途径追究上述侵权行为的法律责任，维护自身合法权益。

欢迎社会各界人士对侵犯社会科学文献出版社上述权利的侵权行为进行举报。电话：010-59367121，电子邮箱：fawubu@ssap.cn。

社会科学文献出版社